いつの時代もEQ型人間が成功する

自分のビジネス人生を幸せに生き抜く力が身に付く本

青木匡光

22世紀アート

まえがき

いま、〝心の時代〟といわれている。どれほど頭脳のハードウェアがよくても、マインドというソフトウェアが悪ければ、ビジネス人生の成功は望めないような厳しい時代環境に直面している。そのため心あるビジネスマンは、一個の人間としてどうあるべきかを原点に立ち戻って考え、自分らしく生き抜く方法を真剣に模索しはじめた。人生をよりよくサマになって生きようとする意欲が、強烈に芽生えてきているのだ。

たしかに、これからのビジネスマンは、企業の運命共同体の一員ではなくなったことから、企業だけの舞台から社会という広い舞台へ、自分の足で歩んでいかなくてはならない。自分のことは自分で面倒をみることのできる自立型人間であることが、期待されるビジネスマン像なのである。

そうあるためには、仕事以外の能力や価値を身につけていく一方で、自分のスタンスをしっかり持って仕事に取り組むことが大切である。つまり、ビジネスマンがみずからの人生に責任を持って生きるためには、自分会社のオーナー経営者としての自覚に立って、納得いく人生戦略を展開すべきなのだ。

そのスタンスの上で、所属する企業と自分との共存共栄をはかるように、生き方の中心軸を大きく変えていくのである。ビジネス人生の主役が企業から個人へと移り変わり、この生活軸の変化に対応していくには、ビジネスマンの心のあり方を根底から変革させていかなくてはならない。なにより主体性のある生き方に徹する覚悟が必要である。

ちなみに、企業と個人との相関関係を考えていく場合、自分会社が企業と契約を結んでおり、持てる能力とパワーを全開させて企業に提供しながら、双方のパイプをより太くしていって、そのサービス価値を企業に高く評価させるように努める。その対価を、昇給やボーナス並びに地位肩書に反映させながら、組織内での成功をめざす、同時に、企業自体の発展も期待できて共存共栄が可能となる、そんな発想をしてビジネス展開をめざしてみる。

このような考え方に立てれば、ビジネスマンには、企業に酷使されるという意識はなく、むしろ自分のために働きながら社会参加していく喜びが得られて、生き生きと仕事をする人間の顔がそこに見られるはずである。そのうえ主体的に生きていることの充足感も味わえよう。

そこで、あなたがビジネス人生を主役になって演じ切るためには、いくつか基本的な生活技術を身につけておく必要があるが、その大前提としてきわめて大切なことは、他との共生をめざす心くばりの〝感性〟である。この感性を身につけた社員が充満している企業が、心くばりが企業文化の核となって存在することで、心の時代にふさわしい企業として高い評価を受けて発展するのはたしかであろう。

したがって、企業が期待をかけて求める人間像は明確であって、なにより「自立して生きる感性の持ち主」であることだ。ここでいう自立とは、脱サラして独立することでもなければ、組織内で孤立していくことでもない。自分の足でしっかり立って企業とともに成長していけるような、心のあり方、ふるまい（仕事）しぐさのことである。

そのような自立心を育むのに効果的な能力キーワード〝ＥＱ〟（Emotional Quotient：感情指数）が、最近アメリカのビジネスや教育界、心理学の分野まで揺るがしている。一九九五年秋以来心くばりについて解明している一冊の本*が導火線になって全米にＥＱブームを巻き起こしているのだ。

ＥＱは、ＩＱ（知能指数）では解決できない人間関係のもつれや社会的な病理・トラブルを解くカギとして考えられたものであり、しかも、ビジネス社会でのＩＱは二〇％前後しか関係なく、ＥＱが高い人ほど成功した人生を送れると説かれている。実際、ＩＱの高さは人間の能力とは必ずしも一致しないのだ。

だれもが知るように、日常の仕事はできるのが当たり前であって、ほとんどの能力を対人折衝すなわち人間関係の対応に費やしている。この人間関係能力のベースになるのがＥＱであるがゆえに、ＥＱを育まないかぎり人を引き付ける魅力も身につかないので、しなやかな自立はきわめてむずかしいものになるだろう。

本書は、ＥＱ型人間をめざして意識変革に取り組むあなたに勇気を与え、あなたらしく自立して生きていくのに必要な行動しぐさを具体的にわかりやすく解説している。さらに、主体的に自己実現していく生活技術が数多く述べられていて、仕事にも人生にも成功するためにあなたを導く〝実践の書〟である。一度しかないせっかくの人生を悔いのないように、筆者の体験からまとめた生きた知恵を、ひとつでも多く体得していただければ幸いである。

最後にこの本を書き進めるうえでたいへんお世話になった産能大学出版部の小泉義彦氏、金子征江氏に心から感謝の意を表したい。

一九九六年九月

青木匡光

※（「Emotional Intelligence」 Daniel Goleman 著。日本語版は、「ＥＱこころの知能指数」土屋京子訳 講談社刊）

目次

ＥＱ（Emotional Quotient）について

ＥＱ能力とは、「自分の感情を把握する能力、他人の気持ちを理解する能力、どんな状況のときも前向きに目標に向かって進もうとする能力」の資質を合わせたもの。

〔エール大学の心理学者ピーター・サロベイとニューハンプシャー大学のジョン・メイヤーがつくり出した表現。〕

★ＥＱ能力の基本の分類

①　共感力

他人の気持ちを推し量って把握する力。同じ状況に置かれたら自分ならどう感じるか、想像力を働かせることができる。

②　自己認知力

自分の気持ちの働きや行動を客観的に捉えていて、対人関係においてもうまく調節することができる。

③ 粘り強さ

長期的に自分をコントロールできて、目的の達成のために嫌なことも我慢して続けることができる。

④ 人あたりの柔軟さ

人とのつきあいで相手に不快感を与えずに、自分と相手を調整してやりとりすることができる。

⑤ 楽観性

物事の明るい面を見い出すことでみずからを発奮させ、才能を最大限に発揮させることができる。

⑥ 衝撃のコントロール力

怒りや不安などの激情に流されぬようにコントロールして、憂うつや苛立ちをふりはらうことができる。

（参考文献：月刊「コスモポリタン」平成八年六月号、集英社刊。
「ＥＱこころの知能指数」講談社刊）

第一部

成功者はＥＱ型人間だ

１　ＥＱ型人間の活躍する時代

①　いまなぜＥＱ型人間を必要とするのか

●企業の人事システムも転換した

三〇代前半から四五歳という年齢層のビジネスマンは、たいへん微妙な時期にあるといえる。もうその時期までには、企業として要員計画絡みの人物チェックは完了している場合が多い。それまでは横並びで昇進してきた同僚の人事序列が、大幅に崩れはじめる年代でもある。幹部候補生として社内にしっかり地歩を築いている者と昇進コースからいち早く脱落していく者とのギャップが、さらに拡げられていくようになる。

いわば、第一線の戦力としての適否がチェックされて、かなり厳しい選別を実施することにより企業体質の改善をはかろうとしているのが、低成長下における企業の対応のしかたであるからだ。大企業といえども安泰ムードはいまやまったくなく、終身雇用という身分保障もないことで、みずからのビジネス人生計画を大きく修正する必要が生じているのが、この年代のビジネスマンが直面する問題である。

事実、企業サイドからも、早く軌道修正して次の人生ステップを踏み出す準備にかかるように積極的に勧めているのが現状であるのだ。そこで、定年についてのとらえ方であるが、人によってさまざまな思惑があるものの、次のような考え方が参考になるかもしれない。

●「人生・定年・仕事」へのとらえ方

かつてのように人生五〇年の時代であるなら終身雇用というのもわかるが、平均寿命が七五歳を超えている現在では、定年後も一五年、二〇年と人生が残っていく。したがって、会社は終身面倒をみてくれるのではなく、「半終身雇用」なのだと考えればいい。だから、会社に就職したのではなくて就社と思うべきであろう。

これは半身会社に世話になると考えると同時に、あとの半身（定年後）を視野に含めて、長期的展望を持って早目に定年準備をしたほうがいい、という主旨である。

しかしながら、多くのビジネスマンはどうであろうか。現実問題として、定年の時期が間近になってから、あとの半身の欠陥部分に気づき、補修すべく慌てて手当てをしているのが実情であるようだ。

もっと早い段階から、意図的に半身を鍛えておいて、人生の新たな出発のための態勢を整えておくべきであるのに、多くのビジネスマンはそれを認識はしていても、具体的にどう行動するのかわからなかったり、日常生活に追われ忙しさにかまけて、迫りくる危機意識にいまひとつ拍車がかからないのである。

そういうビジネス社会の風潮を見こしてかもしれないが、企業によってはかなり思いきった方針を打ち出してきている。四五歳定年といった制度をはじめ、選択定年制の採用は、まだ半身が使用可能なうちになんとか活用するようにという、会社側からの親心であるのかもしれない。

見方によっては、ビジネスマンに対する早期警報装置をとり付けて、第二の人生の道をハダカの自力で探しなさい、と親切に教えてくれているようにも思える。

つまり、企業環境の基本軸が、終身雇用でがっちり拘束された滅私奉公型の企業戦士から、時間短縮など企業が手離した自由裁量の部分をみずから生活設計できるＥＱ型ビジネスマンを求める方向に変化した。したがって、その変化に適応してみずからのライフスタイルを変えるように、早く行動開始することがいかに大切であるかを示している。

●主体性のない企業戦士からＥＱ型人間へ

実際、これからのビジネスマンは、歯車の一部品として「鋳型」にはめこまれた使いやすい社員のごとき企業が求める人物になるのではなく、企業から期待される人物になれるかどうかが、そのビジネス人生の幸福度を決めていく分岐点になっていく。

なぜなら、これまで企業が求めてきた社員像は、人間として主体性がほとんどない企業戦士であったが、これからは自分のことは自分で面倒をみることのできる人間であることを期待し、また社員がそうあるために企業が〝助っ人〟としての役割を果たすといったような、いわば主客転倒の逆転現象が起こりつつあるからである。

たしかに、かつては組織社会のルールからはみ出ることにアレルギーを生じていたものが、ある一定の条件を遵守するかぎり、はみ出しを大目にみるというように、社員に対する企業の締め上げはかなりの程度ゆるめられていくだろう。

こうして、社員が自己実現をめざして生き生き人生を送ることができるように、企業は受け皿を用意して組織活性化に努めていく。リストラによって人員削減が実施された結果、精鋭主義による経営を余儀なくされているわけで、社員一人ひとりの潜在能力の掘り起こしをはからざるを得ないからである。

ここに、伸び伸びと持てる実力を発揮できる「ＥＱ型人間」の出番がある。さらに、「ＥＱ型人間」への企業サイドの評価も高まることで、企業並びに社員双方に好循環が期待されよう。

そうであれば、みずからの生き残りをかけて「ＥＱ型人間」への道を模索することが、あなたのビジネス人生をより充実させていくためにも絶対に必要であることを理解できるはずである。

② ＥＱ能力を持つ「スリー・ハット人間」

●どんな局面にも対応できる「スリー・ハット」

これからのビジネスマンの行動は、かなり多様化した形態をとるようになる。ビジネスマンの生活意識や感情が、時代の流れ、世代の交代という変化に遭って大きくサマ変わりしてきているからである。ビジネスマン一人ひとりの生き方、価値観、行動様式に差異があることは、それだけ生き方の選択が自由にできるということであろう。

もちろん、ビジネスマンの世界が本質的に変わったわけではない。これまでのようにビジネスマンの人間像を一括してくれる時代においては、そのライフスタイルについての関心は皆無に近かった。だが、隣りのビジネスマンの意識や行動が明日のわが身に及ぼしかねない現状では、無関心でいること自体、従来のビジネスマン像の枠から脱け出せないことになるだろう。

ビジネス人生を続けていく以上は、働くことに積極的な意義を求めて、仕事を楽しくしていきたいと考えるのがふつうである。そこで提言しておきたいことは、脱サラして独立するのではなく、あくまでも組織の内側にいて自分のライフスタイルにこだわり続けて働く「ネオ・ビジネスマン」的生きざまが、これからのビジネスマンのあるべき姿として評価できるのではないかということである。

そこから導き出される人間像としてイメージできるのが、ＥＱ能力を持った「スリー・ハット人間」である。それは、ビジネス人生をしなやかに、かつしたたかに生き抜いていくためには、常時三つの帽子を用意しておいて、局面に応じてふさわしい帽子を選び分けて着用し、カッコよくビジネス社会をかっ歩していく人間をさす。どの帽子を多く着用するかは人によって異なるが、その利用頻度によって都度イメージが変わってくるわけである。

たとえば、マイペース型のビジネスマンはオーナーズ・ハットを愛用するし、特技を発揮してスペシャリストの道を歩まんとするご仁は、オンリーワンズ・ハットを身から離すことがない。そしていつも、新しいプロジェクトに取り組む冒険精神旺盛な人物は、頼りがいあるパートナーづくりに有効なネットワーカーズ・ハットをかぶる機会が多い。

ちなみに、スリー・ハット人間の特色を掘り下げてみることにしよう。

★オーナーズ・ハット人間

人生会社のオーナー経営者としての自覚がまずあることだ。いま痛感するのは、自分の人生であるのに他人事のように生きている人が多いという事実である。一度しかない人生であるのだから、もう少しサマになる生き方をしていこうとする意欲をかき立てて、自分に仕掛けていく姿勢であるべきだ。

その心の仕掛けであるが、家庭をひとつの企業と見立てていって、自分がファミリーカンパニーの経営者であることの自覚がほしい。経営者の〝経〟という字はタテ糸のことであり、タテ糸はまた理念、哲学、ビジョンを意味する。

したがって、自分の哲学を持たざる経営者は経営者の名に値しない。哲学がないということは、自分自身がビジネス人生をどう展開させていきたいのか、その戦略シナリオに方向性がなく、自信もないのではあるまいか。人間としての基本を踏まえた生き方が、きちんとできない人であるように思える。

●あなたは自分カンパニーのオーナー経営者

当然ながら、そういう人物に対する客観的評価はきわめて厳しく、みずから苦境を呼びこむことになりかねない。これまでは企業が立案したシナリオに自分の人生を重ね合わせながら、若干の微調整を加えることで、つじつまを合わせて生きてきたケースが多い。

だが、人生舞台では観客や評論家の立場になって自分の人生を演じていくようでは、人生そのものが空しく思えてしまう。やはり、自分でシナリオを書き、みずから演出して、そして自分が主役になって人生ドラマを展開させていくべきである。

人生とは、芝居のようなものであるといわれるが、その舞台で自分の役を楽しみ、それなりに精一杯演じてみせることがきわめて大切なことなのだ。そんな考え方に立って、自分カンパニーと企業との位置づけをとらえていけば、仕事に取り組むスタンスが明確になっていく。

つまり、あなたは自分カンパニーのオーナー経営者であるはずだ。そこで、現在の勤務先を自分カンパニーの契約先と受け止めてみる。そうなれば、この取引のパイプをより太くしていくためには、相手先から高く評価されるような自分商品（能力・エネルギー）を新たに開発していかねばならないわけだ。それがうまく成功すれば、あなたの給料は上がりボーナスもたっぷり得られて、昇進の道も開かれていくことはたしかであろう。

したがって、自分を売りこむ商品を開発し評価させていって、見事におのれの人生を切り開いていくことである。そうやって、勤務先と自分カンパニーとの共存共栄を心掛けていけばよい。そこで、人手として消耗品扱いされているのではないかと思う懸念も除かれるし、企業との間にスタンス（距離）を置くことで主体性を損なうこともない。むしろ、自分カンパニーの内容を充実させていって、より幸福になってみせようと幸福ハングリーの炎を燃やしていく意欲が湧いてくる。この前向きな心のあり方が、ゆとりあるビジネス人生に結びついていくのである。

★オンリーワンズ・ハット人間

どんなことでもよいが、なにかの取り柄（長所）やオリジナリティを発揮して、個性的にビジネス人生を生き抜くことである。世のなかがハイテク社会に移行するほどに、その一方で人間に対するこだわりが深められていく。人間についての価値観が大きくサマ変わりしているからである。

これからは人間そのものに焦点を合わせた形で、ビジネスも人間関係も展開するようになる。そういうなかで存在感ある人物というのは、なにかの分野でナンバーワンであるか、なにかについてオンリーワンであるとみなされている人間である。

●ナンバーワンにはなれなくてもオンリーワンにはなれる

そこでナンバーワンであるが、この地位を占めるのはきわめてむずかしい状況にある。企業の例でみても役職者を減らす傾向がますます強まってきていて、ポストレスが時代の趨勢である。

したがって、ナンバーワンになることは至難のわざであって、本人によほどの運と実力、それに加えてものすごいパワーがないかぎり、たやすく実現できることではない。しかしながら、オンリーワンをめざすことなら、そうありたいという強烈な意欲と根気とこだわりさえあれば、だれもが必ず達成できる目標であることはたしかである。

ちなみに、ヒット商品や新製品を創り出すエネルギー源は、発想を現実化させていくパワー（発現力）があることだと、三百人の発明家などにインタビューした編集者から体験的所感を聞かされたことがあった。すなわち、発明家や開発者全員に共通してみられたことは、まず第一に、「いつまでそんなことをやってんだ、ムリな話だよ」といったようなまわりからの雑音にもめげずに、アイデアをカタチにするため、数年という長期にわたって開発にのめりこんでいく根気が身についていたことである。

もうひとつは、もしも企業がいま進行中であるこの商品開発を中止するようなら、自分の力で商品をモノにしてみたいと宣言するほどに、手掛けた仕事に対する愛着やこだわりみたいなもの、この二つのパワーが発明家の人たちに顕著にみられたそうである。

そこでなにより肝心なことだが、このような発現力を持つ社員をしっかりつなぎとめておくために、居心地よく働けるような「企業土壌」が、受け皿として必要であることはいうまでもない。

●オリジナリティある人の時代だ

事実、低成長下にあって生き残るための「企業土壌」の改善は、いまや最重点目標とせざるを得ない現況である。このことは、企業のサバイバル戦略を成功させるために、金太郎飴みたいな社員ばかりでなく個性派社員が棲息し働きやすい環境づくりをして、活性化をはかる企業がふえていく趨勢にあることを示している。ここに、オリジナリティを発揮できるサラリーマンの出番のチャンスが到来した、そんな時代の萌芽をみる思いがする。

たしかに、明日に向けて伸びていく企業（個人におきかえて考える）は、じっくりと開発投資を続けて、すばらしい新製品、新事業を生み出していくわけで、社内に勝負にかける決め球を保有しているものである。

一方の停滞気味にある企業は、長い間安逸を貪る状態にあったために、かつての花形商品を売りつなぐのみでやっと生き残っている感じである。このまいけば、やがては売るべき商品もなく資産をすっかり食いつぶして、廃業の憂き目（会社人間の老後の孤立も同様）に遭うことになりかねない。

このような格差は急に生ずるものではなく、相当時間じわりじわり染みこむように進行していくので、事態が表面化したときには、すでに手遅れである場合が多いのだ。

これはサラリーマン一人ひとりにとって、決して他人事ではない問題であるはずである。三〇代後半の年齢までは体力にものをいわせる感じで、がむしゃらに突っ走ってきたものの、四〇代になって影が薄い存在になってしまうのは、見せかけの体力の限界がきて、この自覚症状が顕在化するからである。

新人であるならまだしも、ある程度キャリアを積んだサラリーマンが、自分にとってオリジナリティのある新製品にどんなものがあるのかを、はっきり認識できないようでは先行き思いやられるのだ。新製品すなわち自分のセールスポイントとなる切り札を、着実に開発してこなかったツケを必ず払わされることになるからである。

先日も四三歳になる一流企業のＮ課長が訪ねてきた。不況に伴う業務縮小に関連しての転職相談である。一流の国立大学を出て幹部社員への道をまっしぐらに進んできたのに、身辺の状況が変化してしまったわけだ。本当になにが起こるかわからない世のなかであるだけに、結局頼りにできるのは、自分しかないということになる。どんな非常事態にあっても動じないだけの自己防衛への努力をしていくことが、自分を救う道を切り開いていくのである。

たしかに、どこでも通用するオリジナリティが身についていれば、充実感を持って現在ただいまを生き抜いていけるはずだ。そこで、Ｎ課長に訊ねてみた。これからの人生で、一体なにをやりたいのか？あなたのセールスポイントはなんなのか？　この二つのことが解明されないかぎり、筆者としては役に立つことはできない、と。

宮仕えをする以上はどこに勤めようと給料で拘束される身分は変わらないし、事態がそれほど好転するものではない。ただ、なにをやりたいのか確たる人生目標でもあれば、その目標を実現するための場は必ず求められるし、そこでの苦労も苦にはならないばかりか働きがいも出てこよう。企業も目的意識のはっきりしている人間であるほうが、育てる価値ありとして歓迎するものである。

●「あなたになにができるのか」の本当の意味

もちろん、本人のセールスポイントについては、ひと味ちがうオリジナリティのあることが必要条件となる。しっかりした優良企業であるほど社内組織が確立されていて、営業部門、非営業部門における要員計画ならびにローテーションがきちんとでき上がっているのがふつうである。

したがって、経営者が人材をスカウトする際に、「あなたはなにができるのか」と質問するのは、単に営業ができる、経理に精通しているといったような、サラリーマンとして当然の業務についての回答ではないのだ。そんなプロパーな仕事のできる社員は自家調達できるのであるから、それ以外のなにがあるのかという意味が、質問の言外に含まれているのである。

であればこそ、ひと味ちがうセールスポイントの持ち主であるとか、足らざる部門を補い強化する戦力となる人材であるとか、そのどちらかのオリジナリティをオンリーワンズ・ハットと認識して、日ごろから啓発しているサラリーマンは強い。どんな環境変化が起ころうとも、たくましく生き残っていける生活技術を持つからである。さらには、いつでもスカウトに応じていける態勢にある気持ちの余裕が、一歩踏み出して行動する勇気を生むようになるのである。

★ネットワーカーズ・ハット人間

いざというときに処世の知恵袋となって役立つ人間財産をふやすために、ネットワークづくりを仕掛けることである。この人間財産の多少が、現代を生き残るための心強さのバロメーターになっていくのである。

実際、情報化社会のなかでビジネスマンはひとりでは生きられないのだから、時代とともに生き抜いていこうとする仲間が身近に存在することが必要なのである。

そのためには、なにはさておいてもタテ社会をヨコに歩き始めることである。仕事にある程度熟達してきた段階になったら、社内にばかり目を向けることなく、外気を積極的に吸いこんでみるとよい。ビジネスマンとして一流である人は、日ごろから外気に耐える鍛練を続けており、身辺にどんな環境変化が生じても、みずから決断を下して、見事に対処する能力を身につけているものである。

仕事についてベテランとみられる年代になると、どうしてもタテ社会といわれる社会にどっぷりつかって、現状維持派の仲間入りをしやすいことになる。そして、知らず知らずのうちに、することなすことがマンネリになってきて、そこから退歩が始まっていくのである。

●現状打破への心掛けと情報源の構築

社外に窓を開き、新たな刺激を求めて行動を起こすことは、とかく無為に流され、惰性に溺れがちなビジネスマンにとって、めざましい効果が期待できる活性剤を得ることになる。そうした意味で社外勉強会をあなた自身の現状打破の仕掛けのひとつとして、それを活用することである。それがないと、一〇年後には、たいへんな格差ができることを覚悟しなければならないだろう。

とりわけいま、自分の仕事のことしか話題がないようなビジネスマンは、それとなく敬遠される傾向にある。人物に魅力がなく、提供する情報の中身も粗末なものであると、じきに飽きられて取引関係を打ち切られてしまうようなことも起きかねない。

本業以外の興味ある情報をどれだけ持ちこめるかが、取引関係とのパイプを太くしていく尺度にもなっている。そのために、ビジネスマンは相手が喜ぶような付加価値の高い情報を常に提供できるよう、いくつもの情報源を持ち合わせていることが必要である。

その大切な養分を絶やさないように、異業種、異分野の人たちとの人間交流を深めていくことが、自分自身のサバイバルにもつながっていくわけである。

こうしたことを背景に、さまざまな勉強会が開かれているのが実情だ。企業環境が厳しいためか、急速にふえているのは、新しい発想を求めて積極的に社外の人たちとの交流をはかる勉強会である。それは、情報化社会に生き残る手段として、なにより差別化をはかる必要があり、活きのよいヒト情報に大きな価値を認めるようになってきたからであろう。したがって、価値ある情報交換と異分野の人間交流という二大支柱を軸にして、そこでつかんだアイデア、ノウハウを実践的に活用できる方向を模索していくのが、優れて今日的な勉強会であるとみなされている。

さらに、このプロセスを通して優れた情報を持っている人間を、いかに自分の人脈ネットワークに加えることができるかが、ビジネス人生において重要なテーマになってきているのである。

ここではっきりいえることは、本当に有効な情報を効率よく入手するためには、みずからが勉強会を主催して情報の発信地になるのが、その近道であるということである。したがって、社外勉強会のヨコ歩きはすべて独自の情報発信地をつくる目的に向けての行動であると自覚しておくべきである。

ここに仕掛け人としてのネットワーカーが、その本領を発揮する人生舞台がある。仕事絡みでもよし趣味なども含めて好みのままに、みずから各分野を横断する情報発信地を築きあげて、相互の連携ネットワークを心掛けていくならば、人生に仕掛けるだいご味をたっぷりと堪能できるはずである。

2　事例　ＥＱ型人間とはこんな人たちだ

①　出版企画プロデューサーとして独立。続々ヒットを飛ばす！

中島孝志氏

●自分から申し出て何回も異動する積極人間

いま二〇代、三〇代の意欲あるビジネスマンがかくありたいと目標にしている人物が、中島孝志さんである。本人はビジネス・カタライザー（触媒）と自称しているが、さまざまな顔を持っていて、人脈づくりや自己啓発関係の著書を何冊も刊行している。さらには出版企画プロデューサーとして、ビジネス書に限らず幅広い分野のヒット作品を数多く世のなかに送り出したりする典型的なマルチ人間のひとりである。

中島さんのビジネス人生のスタートは、ＰＨＰ研究所であった。松下幸之助氏の崇高な理念に共鳴し憧れて入社したという。ＰＨＰ在職中は、一〇年足らずの短い間に出版部、研修部、普及部（他企業では営業部に相当）、そして新しいメディア媒体を開発する情報企画室という具合に、いろいろな部署の仕事を経験している。これらの異動のすべてが、仕事を体得したら次へのチャレンジをめざして、中島さんがみずから「部署を変えてほしい」と上司に申し出て実現したそうだ。

ふつうなら押しきせ人事が支配的であって、異動のチャンスは待ちの姿勢でいるものだが、中島さんの申し出を受け入れる企業土壌もさることながら、なにより自己実現にかける中島さんの執念に驚かされる。

この仕事をやりたいという意思を企業側に認めさせてチャンスをつかむエネルギーが強大であったからだろう。とりわけ情報企画室という部署は、中島さんの提案によって実現したし新設ポストであった。中島さんのケースのような異例の人事を可能にしたのは、それぞれの部署における本人の業績が抜群であったからこそ、企業側も本人の希望を無視できなかっただろうし、逆にそのヤル気エネルギーを助長させて活用しようと考えたからではなかろうか。

●企画・販売・新規事業に成功する中島流ノウハウとは

ちなみに、中島さんの業績の一端に触れてみると、編集者のときは優れた出版企画によりベストセラーを生み出し、営業マンとしては、企業単位のＰＨＰ誌定期購読者を百社近くも開拓して、大量に直販セールスすることに成功している。

このセールスルート開拓について、中島さんは「勉強会で培った知識ノウハウを顧客に教えたら〝彼に会うと経営に役立つ話が聞ける〝という評判がクチコミで広がり、先方からアポイントが芋づる式に舞いこんだ」と語っている。

中島流のひと味ちがう経営情報が顧客の心を引き付けて、拡販につながったということであろう。しかしながら、モノ売りだけすることに飽き足りない中島さんは、次なる挑戦目標として情報そのものをビジネスにする企画をまとめ上げて、トップの説得にかかった。外部の人材を集めて語り合う「ビジネスフォーラム」の中身を、メディアにして売るという新規事業を起こしたのである。

起案した中島さんが、新設された情報企画室の中心軸になっていくのは、当然の成り行きであるだろう。このフォーラムの具体的内容は、異業種交流会の設営、堺屋太一氏、長谷川慶太郎氏などの一流講師による定期講演会の開催、講師紹介といったような各種情報サービスを提供するビジネスである。

このような一連のビジネス活動の原点をたどってみると、中島さんの行動を支える背景にはつねに、本人が主宰する異業種交流会「キーマンネットワーク」でつかんだノウハウがある。さらには、会合で触れ合った人間関係のパイプをフルに活用していることであるだろう。

●出発時一〇人の勉強会がいまでは七百人

いまでこそネットワーカーとして抜群の組織力と人脈を自負する中島さんであるが、新入社員であったころは典型的な〝人間嫌い、つきあい下手人間〟であったそうだ。だが、入社して半年目に編集者として手掛けた人間関係についての著書とその著者に触発されて、人づきあいの大切さを知ったことが、社外に目を向けるきっかけになった。

小さな勉強会「キーマンネットワーク」を、自己改造の場にしていくことを考えて仲間一〇人で発足させた。毎月さまざまなミニ・イベントを仕掛けては、企業人、芸術家、大学教授、医師、弁護士、会計士、タレント、学生などを巻きこんでいった。そして一〇年後には、会員数七百名を超える人材バンク並みのマンモス勉強会に発展している。

このように「キーマンネットワーク」が拡大していく過程において、「ニュービジネス研究会」「二一世紀ビジョン研究会」などの分科会サークルを、会員同士の相互交流のなかから誕生させた。

その一方で、勤務先に対しても新規事業やマーケティングなどの各種勉強会の開催を提案し、三百社以上の会員企業を参加させてしまうような見事な手腕を、中島さんは発揮している。

このことを可能にしたのは、「キーマンネットワーク」につながる豊富な人材を動員してフルに活用できる、中島さんの企画力に負うところが大きい。つまり、「キーマンネットワーク」をベースにして、新規事業を起こしたということであるだろう。ここに、副業と本業のクロスオーバーが実現したともいえる。

●これからの時代を先取りした中島氏の実践キーワード

右に述べてきたように、いろいろな体験を通じて皮膚感覚でつかんだ中島さんのことばがたいへん説得力を持ち、今後のＥＱ型人間の資質を鮮やかに分析しているので、次にいくつか紹介してみることにしよう。

★いまは本業だけで評価される時代ではなくなった。社員もまた個人の名前で仕事ができるようにならないと評価されない。そういう個性的な人材を、いかに活用できるかに企業の将来がかかっている。

★新規事業推進者に必要な資質は、次の七つである。①自分から行動している、②派閥に似た軍団を創る、③オーソリティ（なにかについて権威者）である、④怨念を持っている、⑤個人的な情報ネットワークがある、⑥ムダを資産と考える、⑦自分流でやれる。

★三五歳まではヒト儲けに専念したい。カネ儲けはそれから考える。情報化社会とは、ヒト儲けすれば、おのずからカネ儲けのできる世のなかであるからだ。

② 会社勤務で「脱会社人間」を実行させる

市原　実氏

●勉強会二七年間出席のまとめ役

「継続は力なり」という箴言を知る人は多いが、実際に長い期間にわたって物事をやり通すとなると、強固な意志とたゆまざる熱意と実行力がないとムリである。

市原実さんは伝統ある流通企業の中堅社員であるが、毎週木曜の朝七時半から九時まで約三〇年間続いている早朝勉強会（丸の内朝飯会）に、二七年間千四百回以上も出席している。長年にわたって朝飯会の運営を世話役として楽しんでこられたので、いまでは朝飯会そのものが市原さんの分身みたいなものであり、たいへん愛着を抱いているようだ。

市原さんの行き届いた愛情あってのことと思われるが、朝飯会は年会費、会則、役員なしの大人の会合というイメージが強い。それに、この仕組みの良さを知ったメンバーが、転勤などで赴いた新勤務地に朝飯会の姉妹版を仕掛けて創立している。横浜に始まって札幌、帯広、栃木、大阪、七尾という具合に拡大しているそうだ。このような地域的広がりが展開していくうえで、市原さんの果たしている役割はきわめて大きい。

一方では、朝飯会でつかんだ運営ノウハウと実績とがモノをいって、十数年前に発足した全国の勉強会連絡組織「知恵の輪」に発起人として加わり、当初から幹事長的存在として組織発展に寄与している。

毎年一回、さながら勉強会見本市といったような全国大会を開催しており、最近では、広島、熊本、横浜、札幌、高松、仙台で開催したが、いずれの地域の大会でも市原さんが見事な根回し能力を発揮したことで成功裡に終了した。

全国大会の開催地として候補にあがった地域の勉強会リーダーたちを、ひとつの強力な実行チームに団結させていく調整ぶりは抜群である。フリーな立場ではなく組織人である市原さんが、まったくのボランティア精神で白紙の状態に近い候補地にタネ蒔きして、全国大会に結実させていくプロセスは、新しいプロジェクトを完成させる手順ときわめて類似している。

したがって、市原さんの生きざまは、典型的な「脱会社人間」の実践者のそれである。会社の仕事はしっかりとこなしながらも余剰時間をなんとかひねり出していって、市原さんは、二〇以上もの異業種の人たちが集まっている勉強会や趣味のグループに所属しているのだ。朝飯会でのいろいろな知識や特技を持つ人との出会いがきっかけになって、積極的にみずからの行動半径を広げていった結果、数多くの会合に顔を出すようになった。

そんな自分の時間をひねり出すために、残業はできるだけ避けるように心掛けて、能率よく仕事をこなすことでまわりからクレームがこないように努めていると、市原さんはおのれのライフスタイルについて自負していた。

●中小企業診断士、社労士など六つの資格も取得して人一倍の仕事をこなす

その努力の証左として市原さんがあげているのは、日常の仕事の延長線上に付加価値を添えるものだが、中小企業診断士、社会保険労務士など六つの資格を取得して、それらを業務上有効に活用していることだ。取引先の経営診断や経営指導に熱心なことがクチコミで業界の企業に伝わり、同氏の活動範囲は拡大しつつある。

この熱心さを裏付けるもののひとつは、物販を中心とする流通企業の経営診断・指導で体験した豊富な実践例をベースに、社名づくりなどＣＩに関するものや「商圏と売上高予測」（同友館）のような好著を、数冊刊行している研究熱心な実務家である。

もうひとつは、いつも地味な裏方に立って、いぶし銀のように光り輝くネットワーカーであることから、全国各地に点在する郷土づくりの仕掛人たちから寄せられる信用は絶大で、商工会、商店街などの地域活性化への知恵袋として出番を求められており、市原さんの日常は公私ともに多忙だがきわめて充実している。

このように、市原さんは組織のさまざまなしがらみのなかにありながら、まずは早朝の勉強会をかなりの年月にわたって継続してきたことに、〝他の人よりひとつ別のことをやり遂げた〟という充足感を

いま味わっている。

とりわけ早朝に集まってくる人たちには良い波長があり、それが交わることでメンバー相互の前向きな意欲に刺激を与えてきた。そんなことも市原さんが年間を通じて五〇人の新しい友人をつくりたいと、心秘かに決意して行動するエネルギーに結びついているのだろう。

さらにいえば、市原さんは「常世一役」を、おのれの生きざまを支えるキーワードにしている。世のなかにあって、なにか人のために尽くしたいという意であるが、そんな気負いもなく、淡淡と自然体で実践しているのが市原さんの日常である。

③ 最少の売上で店頭公開をめざす

日本スピン(株)社長　**濱中高一氏**

●改善成果で「中小企業庁長官賞」(平成七年)を受賞

日本で最少の売上高で店頭公開までこぎつけるのが当面の夢だと語るユニークな経営者がいる。着々と夢を現実化させていく濱中高一さん(日本スピン(株)社長)は、当たり前が大嫌いな「ヘソ曲り」と自称しているが、その鮮やかな経営手腕により改善成果が評価されて「中小企業庁長官賞」(平成七年度)

を受賞した。

平成六年種子島宇宙センターから、初の純国産ロケット「Ｈ－Ⅱ」が打ち上げられたが、このロケットの先端部のフェアリングの加工を担当したのが日本スピン（株）で、スピニング加工ではトップメーカーとして全国に知名度を有している。さらに、宇宙機器などの先端産業の他、電子、畜産、医療といった分野の特殊パーツの金属加工でも立派な業績をあげている。

このように、創業三六年の今日では同業トップの座に登りつめてはいるが、昭和四八年のオイルショックの直撃により赤字転落をしたが、それが経営体質の改善に大きな転機となったようだ。

さまざまな改善策を濱中さんは展開しているが、そのなかでとくに目立つ工夫が、六年前の創業三〇周年を機に、経営効率化の一環としてカエル（蛙）運動を開始したことである。いわばわかりやすいＴＱＣ運動であるが、社長をはじめ社員一人ひとりの意識改革を三日坊主に終わらせないための手段として、カエルのグッズ品の収集をはかるなど士気鼓舞につなげていった。

●ユニークなバブル不況撃退法「カエル運動」

それは、創業三〇周年を迎えて「初心にカエル」ことを、職場改善のシンボルに掲げていくと同時に、「やる気にかえる」「方法・手順を改える」「視点と立場を換える」ことを加え、六つの仕事に取り組む姿勢の〝かえる〟と蛙の語呂合わせを考えての、濱中さんのアイデアに満ちたバブル不況撃退法である。とかく職場改善というと構えてしまいがちだが、それを面白くゲーム感覚でやって、楽しく仕事をこなしてもらうことを狙っている。

この運動に対する社員の反応も上々で、カエルグッズも千数百匹に達しているという。その結果、カエルの会社として関係先に知られて、商談もスムーズにいき、社員の意識改革も進んで、彼らからの改善提案も倍増するなど、社業飛躍へのバネになっている。

このように「カエルの会社」を企業イメージづくりの中心において、社業を順調に発展させていく濱中流経営哲学は、たいへん興味深いものがある。

ふつう事業というのは環境適応業であり、変化に対応していかなくてはならないことは概念として理解してはいるのだが、抽象的でいまひとつピンとこない。その点、濱中さんがカエルの行水実験を通してつかんだ時代認識は、きわめて明快でわかりやすい。「変化の時代はカエル時代」であるという認識に立っている。

●カエルの行水実験と八ヶ岳型経営

カエルを水の入った洗面器に置いて下から徐々に熱してやると、次第に温度が上がっていくにもかかわらず、気分がいいのか外に飛び出すタイミングを失って、ゆでられて死んでしまう。一方、カエルにとって生死にかかわる熱いお湯（四〇度前後）の状態のなかにカエルを放りこむと、必死になって容器の外に飛び出して助かるという。

この実験結果から導き出して、濱中さんは、工場でモノを作る場合も、大変化の時代、いままでの考え方、やり方を徐々に変えていく程度では、カエルの行水のようにズルズルと業績が悪化し、ある日倒産ということになりかねない、大変化の時代には思いきった変化を持って対応すべきだ、そんな結論に達した。

そこで具体的に、人を、環境を、仕事のやり方を、さらには受注構成や顧客を変えるために、「カエル運動」を発足させた。そして、全社的に「カエル運動」を展開させていくかたわら、経営方針を〝富士山型経営〟から〝八ヶ岳型経営〟へと切り換えた。

富士山型では業種が限定していて、成熟した産業界では単にシェアー競争に終始してしまう。だが、八ヶ岳型であれば、山は低くとも複数の山が連なっており、山と谷に「すき間」産業が見い出せる。そこでは経済の成長やシェアーの拡大に依存しなくても、小さくても着実な利益を確保できるし、限られた市場でのオンリーワン企業を可能にしている。

濱中さんの狙いは的中した。重電、医療、畜産、航空機、半導体、液晶、一般産業、樹脂の八部門に取り組んでおり、業種業態によって多少の凹凸はあっても、八ヶ岳型経営が不況に強いことが実証された。ここで自信をつけた濱中さんが、今後もピンチを忘れずに、意欲的な経営にチャレンジし続けることはたしかであるだろう。

④ 社会貢献型企業をめざす

(株)タニサケ社長　**松岡　浩氏**

●ゴキブリ殺虫剤で急成長

数年前のある日、岐阜県の経営者から筆者に一枚のはがきが届いた。日ごろ筆者が敬愛してやまない板橋興宗老師(金沢の大乗寺住職)より紹介を受けたので、ぜひ会いたいという文面である。

それから間もなく訪ねてみえたのが松岡浩さん(㈱タニサケ社長)で、貴重な出会いの発端である。運命の扉を開く鍵は行動のなかにある、と語っている松岡さんだが、その後の交遊を通じて、いまどき得がたい言行一致の人物という思いを強くした。

会社は、ゴキブリ殺虫剤「ゴキブリキャップ」を目玉商品として製造販売し急成長を続けている。さらにその企業姿勢は、製法公開地域密着型販売ならびに高齢者活用が軸になっていて、いわば「社会貢献をめざす企業」としてのイメージが確立している。したがって、顧客の企業に寄せる信頼は大きく、そのことが社員の心に誇りを持たせていくという好循環を生むようになって、売上増に結びついているようだ。

そこで松岡さんの経歴だが、社会人としてのスタートは電子部品メーカーのサラリーマンで、その後スーパーストアを経営し、八五年に現在の（株）タニサケを設立している。ふつうならば自社製品の製造工程などは企業秘密にするものであるが、松岡さんはあえて、ホウ酸に玉ねぎを加えた「ゴキブリだんご」の製法を消費者に公開して、全国的にブームを巻き起こしていた。このへんにも、社会貢献型企業をめざす松岡さんの経営姿勢を確認することができよう。今日では海外展開しているほどの発展ぶりであるが、さらなる市場拡大をはかるために、新製品開発を積極的に推進させている。

●松岡氏の「先も立ち、我も立つ」行動哲学

このように、厳しい企業環境にあっても順調に企業を成長させていく秘訣は、やはり松岡さんの生きざまに深くかかわっているように思える。それは、新しい時代に立ち向かうＥＱ型人間のあるべき姿勢と一致しているからである。そこで、とりわけ際立っている特長を、三つだけ取り上げてみることにしよう。

①　使命感

スーパーを経営していたときに、ゴキブリにひどく悩まされていたところを、「ゴキブリだんご」との出会いがあって非常に救われる思いを味わった。このすばらしい商品をぜひ普及させたいという使命感を持ったことが、創業につながったということだ。

② フットワーク

「ゴキブリだんご」をつくった人（谷酒茂雄氏）が隣り町にいることを耳にして、すぐに飛ぶようにして本人に会いに行った。日ごろ感心したり尊敬できるような方の存在を知ると、会いに行きたくなる性質であるようだ。したがって、よき師に会うためには自分から行動するタイプと自覚しているので、何人かの出会い体験を通じて、〃動くことで道が開かれる〃という信念を抱くようになった。

このことを裏づけることばとして、「相手に迷惑になることでなければ積極的にやってみる。やってみてダメなら仕方がない。でも、自分から求めていかなければ、師と呼べる人と出会うこともないし、自分を磨くことすらできない」と、松岡さんは力強く述べていた。

事実、京セラの稲盛和夫会長、ローヤルの鍵山秀三郎社長など独特の経営哲学を持つ経営者にも会いに出かけているが、とくに興味深いのは、盛岡の東日本ハウス社長（当時）中村功氏との出会いの仕方である。

中村氏が執筆された二六章の小論文を読んで感動した松岡さんが、すぐに会見したい旨申し入れたが、先方は多忙のためになかなか会見時間がとれない。そこで松岡さんは、学んだことや感激したことを、二六章の論文一つひとつに対して手紙に書いて毎日一通ずつ中村氏に送り続けた。その後しばらくしてから機会ができて、待望の出会いを実現させている。

③　逆転の発想

「ゴキブリだんご」という商品の性質からみて、通常は薬局を販売ルートにするものであるが、商品に親近感を抱かせるために地域に密着した販売店——酒、米、青果、鮮魚などの販売店——のような消費者と対話のできる、独自の販売ルートを活用した。その結果、購買者のクチコミによって飛躍的に販売量を増加させた。今日では、高級イメージを大切にしている大手デパートまで取り扱うようになっているほど、ヒット商品としての評価が定着した。

このヒット要因として松岡さんは、共存共栄をめざす「先も立ち、我も立つ」経営哲学をベースにして商品提供をしていることをあげているが、このような企業経営は、松岡さんの社員育成にかける並々ならぬ熱意があってはじめて可能である。とかく社員をひとつの「鋳型」にはめこもうとする企業の多いなかで、「徳のある人間」になることを努力目標に掲げている。

その目標を実現しやすいように、感動する本やカセットの貸し出しや、社員同士がお互いに美点をみつけて誉め合うことにより明るい職場づくりができる仕掛けとして、「ありがとうカード」といったユニークなアイデアがある。一件に対して誉めた人、誉められた人それぞれに百円の図書券が進呈される仕組みであるが、こんなアイデアひとつにしても、松岡さんは会社をいわば人生道場と受け止めて、生き生き人間づくりの助っ人に徹して血を通わせていく、そんなヒューマンで独創的な経営を展開することで事業を成功させているのである。

⑤ サラリーマン時代も定年後も自立を実践

熟年モチベーター　**川西和彦氏**

ビジネスマンは、四〇代でどう考えて行動するかが、その後の生涯に大きく影響するものである。河西和彦さんの場合、ソニーに入社して二五年目の四〇代後半に、目ざめの転機があった。

現在は定年を迎えてから数年経過しているが、〝熟年モチベーター〟と自称して、たいへん充実した人生を過ごしている。つまり、中高年を元気づける人という意味をこめてネーミングした河西さんの造語であるが、みずからの体験をもとに著書を出版したり、積極的な講演活動を通じて、熟年世代が活性化する手助けをしたいというわけである。

ここにいたるまでの河西さんの人生軌跡をたどってみると、ＥＱ型人間として成功するにはかくありたいものと思わせるような、そんな処世の知恵がいくつもある。とりわけ自分自身の意識変革のために仕掛けた行動が、河西さんにとって大きな人生の転機につながっているので、そこに焦点を絞って自立へのヒントを探り出してみることにしよう。

それは、次の二つの行動が軸になっている。

●入社二五年目にして仕掛けた「脱会社人間」への行動

〔社外勉強会への参加〕

二五年目の転機を迎えて河西さんがまず考えたことは、従来からのワンパターンな「会社人間」から脱皮して、多面的な「社会人間」に変身したい。そして、会社に対してだけではなく世のなかに対しても、なにか貢献できる人間になろうと決意を固めた。

つまり、これを機会に生涯学習を念頭において、休日や退社後の社外勉強会に極力顔を出すように努めて自分を磨き、多面的な人間づくりに精を出すことを心掛けた。その結果「国際ビジネスマンクラブ」「ムシロの会」「木鶏クラブ」……という具合に、いろいろな勉強会に所属して、熱心に参加することによっておのずと異分野、異業種の親しい仲間をふやしていけたのである。

河西さんの考え方の根底には、本音で話し合えて一生つきあえる親友を多くつくり、その一方で生涯計画さえきちっと守っていけば、定年を迎えてもきっと安心できる。とにかく「魅力ある人間像」に近づくように努めて、偽りのない充実した人生を送りたい。

それには「社外勉強会」で自分を磨くのが近道ではないか、そんな考え方に立って会合に参加しているので、所属する勉強会にかける河西さんの熱意は格別で、どの会合でも信頼感を生み出す原動力になっている。

〔心の友を求めて五〇代で「ひとり新聞」を発行〕

まもなく五〇代にさしかかるという時期に、会社以外の〝心の友〟を求めて手書きの新聞「K氏のひとり新聞」を作り、友人知人に配布した。

こんなことを始めた動機は、勉強会で出会った意欲人間たちの生きざまに触れてみて、なにより定年後にスタートしたのでは遅すぎると、河西さんはそう思ったからだという。そして、配布する対象を河西さんは絞りこんでいて、感性と主体性と思いやりがあり、加えて信頼のおける人たちとだけ交流したい、こんな宣言をして毎月根気よくひとり新聞を発行した。

盛りこむ内容は、日々の雑感、読了した本の感想、折に触れて出会った人々の印象などである。したがって、ひとり新聞を手にした人は、さらに深く河西さんの感性と人柄が理解できることで、お互いの人間交流のパイプは一段と強化されるようになった。

こうして創刊八年後には、新聞やラジオでも紹介されて、全国にひとり新聞編集者の輪が広がっていった。この段階では、河西さんはひとり新聞の元祖とみられるようになっていて、講演やラジオを通じて新聞作りのノウハウを教える機会が増えた。

そこで興味深いのは、ラジオインタビューに対して応答していた発刊当時の河西さんの心境である。「ひとり新聞は、定年後に大きく跳べるように、スキーのジャンプ台での長い助走であるのだ」。たしかに、ひとり新聞によって何人もの新しい親友を発掘できたという、河西さんの述懐からもその発言は裏づけられよう。

●老後を考えた変身作戦

さらにいえば、河西さんの新職業である〝熟年モチベーター〟は、ひとり新聞にこだわってきた延長線上にある産物といえるかもしれない。あちこちで「ひとり新聞の作り方」を披露するときは、すっかり熟年コンサルタントになりきっているのだそうである。このこだわりについて、もう少し踏みこんで河西さんの考え方に触れてみることにしよう。

ひとり新聞の頭を〝Ｋ氏の〟という三人称で表現しているが、その狙いは、もうひとりの自分をつくり冷静に自分を見つめようとする自己客観化を意図している。この姿勢が、実りある老後へ導く糸口であると河西さんは考えているようだ。つまり、定年後の第二の人生をいかに過ごすか、個人の生き方の再構築をはからねば、実りある老後は望めない。

そこで再構築の手始めは、「違う自分、自分らしい自分」づくりである。たしかに、ちがう自分は別の世界に自分をおいて、新しいネットワークをつくることだろう。こうすると、自分の世界が変わっていく。したがって、河西さんがひとり新聞や文通仲間のネットワークを全国的に拡げているのも、新しい世界を切り開いていくためにやっていることなのである。

以上述べてきたように、河西さんは、会社人間から脱却するため数え切れないほどの社外勉強会に顔を出す一方で、いくつかの会では幹事も引き受けて汗をかいている。そうやって会社がらみで人脈をふやす傍ら、「K氏のひとり新聞」を発刊した。その目的は〝自分維新〟にあったようだ。

新聞発行にはいくつもの利点があって、自分について書くことによって表現力が養えて、企画力や情報収集力が身につく、さらに仲間たちとの意思疎通、自己の活性化、生きがいにもなり、積み重ねていけばおのずと自分史になる、といったような好ましい相乗効果が得られたと河西さんは語っていた。

したがって、四〇代になれば会社内での勝負はある程度見極めがつくのだから、会社人生を自分なりに位置づけたところで、次の一手を用意しておくべきだというアドバイスは、見事に実践して成功した河西さんのことばであるだけに、千金の重みがあるように思える。

⑥ 九州を「アジアの出島に」と全力投球する

（株）アジアビジネスセンター社長　**滝本憲二氏**

九州を「アジアの出島に」しようと、オール九州、山口地域をカバーする実践的な海外支援コンサルタント会社が、九六年二月に福岡に設立された。

この「日本のアジアとの接点」をめざす新会社「アジアビジネスセンター（ＡＢＣ）」のトップに、九州財界の強力な支援のもとに滝本憲二さんが就任している。

新会社ＡＢＣの資産は、アジアの企業家ネットワークを構築する人的・知的資源であり、ソフト業界の先駆けをめざして行動する情報・ノウハウを中心としたソフトウェアベンチャー会社であると、滝本さんは企業イメージを定義づける一方で、「九州とアジアとの真のかけ橋」になりたいというロマンを、筆者に熱っぽく語ってくれた。

●京都人が博多病に

滝本さんがＡＢＣ社長に選ばれるまでは、福岡のツインドームシティの副社長として活躍されていた。

京都生まれの滝本さんが、いまやすっかり現地にとけこんで九州に熱い思いをかけている姿をみると、この病いだけは重ければ重いほど嬉しいという思い入れをかけていく〃博多病〃の重症患者ではないかと思えるほどである。実際、ツインドーム建設中には、「アジアに開かれた拠点としての都市は博多にしかない。世界に冠たるファンタジードームをめざす」といって、滝本さんは燃えていた。

滝本さんはたいへん多彩な職歴の持ち主である。ダイエーの総帥中内㓛社長じきじきのヘッドハンティングにより、九一年に新日鉄ライフサービス事業部専門部長からダイエー顧問に出向した。福岡市のツインドーム建設計画でテーマパークづくりに携わってほしいという、中内社長の要請があったからである。

●鉄鋼マン滝本氏へのダイエー中内社長の高い評価

鉄鋼マンの滝本さんが流通業のダイエーに指名されて出向するという異色人事には、新日鉄における滝本さんの見事な業績に対する高い評価がその背景にあったのだ。滝本さんは、新日鉄が北九州市に建設したテーマパーク「スペースワールド」の、構想からオープンまで中心軸となって活躍している。

とくに目ざましい行動力で語り草になっているのは、夜討ち朝駆けをやって米国財団から宇宙体験施設・スペースキャンプの受注に成功したことである。その入札競争に参加した三菱商事、日商岩井など先行一八社をゴボウ抜きしての逆転勝利を生み出したファイトとエネルギーには、ライバル企業も注目し、滝本さんの手腕は内外で評価されたのである。

このように、滝本さんは「プロジェクト請負人」として華麗なる転身を果たしているが、中内社長をして「あのお堅い鉄屋さんでありながら、よくスペースワールドという〝やわらかい世界〟をつくりましたね」といわしめたぐらいに、柔軟な思考と行動の持ち主であるのだ。

新日鉄時代はナンバーワンの遊び人と自負するほどで、いわゆる会社人間ではなく「世のなかを楽しく、仕事も楽しく」を信条としている。したがって、仕事と遊びとを両立させながら、そこから独創的な仕事を考え出してチャレンジする、バランスのとれた行動派タイプである。

●ギブアップを知らぬヨコ型人間

ちなみに、滝本さんのキャリアであるが、新日鉄では鉄構海洋事業部に所属している期間が長く、そこを舞台に世界各地を精力的に飛び回っていた。

クウェートの現地法人社長を務めていたころは、欧米のライバル企業を出し抜いて海洋パイプライン工事を受注した仕事師ぶりに、「アラビアのロレンス」「アミン大統領」「竜馬」といったような異名がつけられたという。このように仕事に情熱を燃やす一方では、中東の海でスキューバダイビングを楽しみ、「厳しい環境のなかで楽しみをみつける技術」を学んだそうである。

趣味は、国際免許を持つスキューバダイビングの他に、スキー一級、柔道三段、囲碁六段、将棋二段という具合に、きわめて多彩である。おそらく、この仕事よし遊びよしのマルチ人間の持つセンスが評価されたことで、当時鉄鋼不況にあえいでいた新日鉄が、その生き残りをかけて新設された新規事業開発の窓口部分―ライフサービス事業部担当部長に任命されたのであろう。

中近東での華々しい業績と並外れた行動力から、「だれもがあきらめたプロジェクトから始める男」という人間イメージが定評となり、そのネバー・ギブアップ魂に上司が絶大な信頼を寄せているというのもうなづける話である。

こんな滝本さんについて、つきあいの長い親友が述べていた人物評が面白い。すなわち「鉄から流通へ舞台を変えても〝彼は企業の制約にとらわれないレベルで勝負できる男〟である」というのである。たしかに、滝本さんは、出世を追い求めるタテ型人間ではなくて、仕事にロマンを求めるヨコ型人間の典型であるのだろう。

そういう人柄とエネルギーに惚れこんでいるからこそ、九州財界の有力者たちが、アジアと九州を結びつけ、九州の活性化に貢献しようとする滝本さんの新たなロマンに、全面的支援を惜しまないのもよく理解できるのである。

第二部

ＥＱ型人間がビジネスをリードする

1章　期待されるＥＱ型人間

①　ＥＱ型人間は柔軟な事業観を持っている

人生を生き抜いてみせることは、それ自体壮大な事業ではあるまいか。それはちょうどさまざまな難局に直面しながらも、七つの大海をうまく舵取りしていく人生航海をするざまによく似ているといえる。ビジネスマンのなかには、人生航海の途中でちょっとした風雨に出遭うと、たちまち挫けてしまい、自分の人生を投げてしまうような脆さをみせる人が意外と多いのに驚く。どんな環境にあっても自分を適応させていける人間でなければ、実際問題として自立していくのはきわめてむずかしいものである。

●外部の衝撃に耐えられるように自己改造する

もしもあなたの心の片隅に、気弱さ、脆さ、固さといったような、なにか衝撃があればすぐにダメージを受ける危険物があるようなら、まずそれを取り除く工夫をしなければならない。危険物を取り除くことがムリであるならば、せめて抵抗力をつけていって、外部衝撃に耐えられるように自己改造していくべきであろう。

自己改造するにもいろいろ方法が考えられるが、「ＥＱ（自立）型人間になる」という大命題からいくと、なにより環境変化に強くなることが第一の目標だ。それには、これまでの発想の転換をはかって新しい自分を創り出していくぐらいの意欲を持たなければうまく自己改造していけない。

具体的には、これからのビジネスマンは経営者的なトータル思考を持ってほしいということである。そうなれば、ビジネスマンの一人ひとりになにが大事でなにが大事でないかという視点が身につくようになる。しかもその思考に馴れれば、行動はより効率的になっていくメリットもあるだろう。そして、このトータル思考の狙いとするところは、事業経営を考えるにあたって、こういうメガネ（概念）が必要であるということを皮膚感覚でつかむことにある。

●経営者発想・サラリーマン発想

たしかに、「経営とは変化への対応力」といわれるように、経営者に〝変わる能力〟が求められている今日では、時流の変化を書物から得た知識として受け止めている程度の認識であっては、今後のあり方が大いに懸念されるところである。またそんなことでは、あなた自身の生き残り戦略を立てていくうえで、さほどパワーを発揮させることができないように思えるのだ。

企業にとって「変化への対応力」が大切であるならば、それはあなた自身にとっても同様に大切であるはずである。たとえ企業に雇われたビジネスマンであっても、一人ひとりがおのれの人生カンパニーのオーナーであり経営者であり、その人生経営者に責任を負うているのだ。

もしもあなたが、いつまでも雇われ人根性や意識から脱け出せないようであるならば、優れた企業経営者が抱く危機意識も、所詮それはトップの問題だから他人事に思えて、単なる知識としての認識にとどまってしまうことだろう。ところが、常日ごろあなた自身も経営者であるという自覚に立って、よろず物事を戦略的思考に基づいて判断し、行動していく習慣が身についているならば、仕事への取り組み方が違ってくるはずである。

サラリーマン的発想でいけば、責任というのは組織上それぞれに分担されていることから、与えられた仕事をこなせばよいという部分発想であってもなんとか間に合ってしまう。だが、経営者であるからには、全責任を担うことからトータル思考をしていかなくてはならない。したがって、サラリーマン的発想に基づいてやることと、経営者の発想のそれとの間にはたいへんな開きが出てくる。

つまり、ＥＱ型人間であるためには、自分の潜在能力を発揮して企業からより高い評価を獲得し、人生カンパニーの経営にプラスをもたらすといったような、そんな経営者発想をつねに意識のなかに入れて仕事に取り組むことである。そうやって、企業とあなたの人生カンパニーとの共存共栄をはかることが大切なのである。

とりわけ、いまは変化の時代である。激しい変化に立ち向かっていくには、主体性のないこれまでのサラリーマン的発想であってはいかにもろく頼りないものであるか、だれもが経験的に知っているところだ。

生きていくための戦術に原則がなく、生きざま（人生事業）に哲学を持たないような人は、人生という名の経営陣から追われてしまうことだろう。もしもあなたが、自分の人生についてしっかりした経営哲学を持っていないとしたら、人生戦略はうまく展開していかないことはたしかである。

●人生も経営も同じだ、哲学を持て

前にも触れたが、経営者の〝経〟という字は、経度緯度という字句からも類推できるようにタテ糸を意味する。この場合のタテ糸は、哲学、理念、ビジョン、ロマンのことであると受けとめると理解しやすい。

すなわち、タテ糸を持たない人は経営者として資格がないとみられよう。生きざまに哲学がないということは、自分自身どう生きていきたいのか方向性がなく、自信もないのではあるまいか。ホンモノの経営者というのは、必ずおのれの哲学といったようなタテ糸を持ち合わせているものである。あなたにしても自分の人生会社のオーナー経営者であるのだから、自立についてそれなりの戦略思考がなくては、いつになっても依存的体質から脱却できないだろう。

「自立」をめざすには、いまの時点でどんな作戦を展開すべきか、その戦略目標が明確になれば、目標に向けてどう実践していくかの戦術を編み出す発想につながっていくものである。これも、あなたに経営者としての自覚があってこそ可能なことである。

●年代別自立戦略の立て方

そこで、自立への戦略といってもなにか特別なものがあるわけではない。基本的なステップは他の戦略展開とまったく変わりはなく、身近な戦略をいくつも成功させながら、ふだんから実績をつくっていて自信をつけていくのが大切であるのだ。そこでまず、戦略を立てるメカニズムを考えてみることにしよう。

戦略の基本というのは、自分の置かれた環境を知り、そのうえで状況にぴったり合った方法を考えて行動することにある。たとえば、あなたが二〇代であるならば戦略目標として掲げる項目を整理してみると、①仕事に精通することでよい社内評価の確立に努める。②会社から与えられた仕事に一二〇%打ちこんで、会社に貸しがあるという心のゆとりをつくる。③将来のことを考えて自己投資を惜しまない。④論文など知的コンペに挑戦して、道を開くチャンスをつくる。

同様に三〇代の戦略目標は、①体力・気力の許すかぎり行動半径を広げる。②社外研修ならびに少なくとも三つ以上の各種グループに入り、同志の発見に努める。③対外交渉術、学習ノウハウ、会合の運営テクニックなどを学ぶ。④二〇代、三〇代に培われてきた人生観、処世観に基づく物事の判断基準を明確にしていく。

四〇代以降では、①対人関係を洗い直し整理して、ビジネスマンとして残り少ない貴重な時間とエネルギーとを浪費しないようにする。②あたため発酵させてきた自分の生涯テーマの方向づけを明確にしておく。③事務能力プラス行政能力（人間関係能力）と的確な判断力を身につけるようにする。④新しい気分で再スタートのときであるが、定年後も取り組めるような宿題を探す。

こんな具合にして、それぞれの年代でやっておくべき戦略目標を、おおまかなところであなた流に設定しておくことが大切である。そうすれば、自分の年齢に相応する人生事業として、いまの時点でなにをやっておくべきなのか、はっきり自覚できるので戦術が展開しやすくなる。しかも、その目標達成以外の事柄については、あえて無視して行動する勇気も出てくるものである。

②　ＥＱ型人間はひと味ちがう損得感覚がある

●現代人に多い「目先の利益にこだわる」安易な思考法

近ごろは、モノもカネも仕事もその気になって得ようと思えば、わりあい簡単に手にすることができるようになってきた。そうすると、望むものはなんでも得られるのではないか、その可能性があるのではないかと思いがちである。

したがって、自分の思いどおりに事が運んでいかないと、イライラしだして落ち着かなくなっていく。ちょうどそんな時期に、自分よりもずっと面白い仕事をやっている人物に出会ったり、身近な人たちから活気ある職場のことを耳にしたりすると、なにか大きな損をしているような気分になって、焦りが一層激しくなってくるものである。

そこまで気分が高じてくると、いわば一触即発の状態にあるわけで、ちょっとでも面白くないことがあったり、またはつまらない失敗を犯しただけでも、他に目移りして職場を簡単に変えてしまうケースが多い。つまり、このままでいたら自分の人生は無意味なものになりはしないかと懸念して、もっとトクをする生き方をしたいと考えていきがちである。

多くの場合、そんな目先の利益にこだわる考え方をいつまでも持ち続けていると、いずれ大きな落とし穴にみずからはまりこんでしまいかねない。打算的なイメージが強く表面に出てきて、きわめて低い人物評価点を与えられるようになるからである。昔もいまも成功者といわれる人たちは、目先の利益だけに溺れることはなく、〝損してトクをとる〟という姿勢に徹しているものである。

●成功者は目先の利益にこだわらない

そのように考えて行動する根底には、「一度しかない人生であるが、そこでは失敗もあり成功もある、たとえ失敗しても、それはいつかはプラスに転化できる」というしたたかな自覚が流れているようだ。なんとか踏んばっていくうちには、そのときには芽が出なくても将来において成功することもあると思って、すぐには利益につながらないようなことでもちゃんとやりとおしていく姿勢が、成功者にはあるということである。

将来についてのはっきりしたビジョンを持ったら、数年間はひたすらそのビジョンに向けて苦労してみるべきであろう。なぜなら、なんの考えもなく衝動的に会社を辞めて職を変えるケースが少なくないが、これとてよりよい条件を求めて移り歩くつもりでいても、実際には、条件が悪化することのほうが多いからである。そのため、再度職を変えるという悪循環に陥り、おのれの評価をさらに下落させていくようになる。

たしかに、〝水変えて　うれし尾をふる　金魚かな〟という川柳にもあるように、会社を変えてよくなる場合もあるわけだから、絶対に変えるなとはいわないが、何度変えてもダメだというケースのほうがはるかに多いことを知って、最初に会社を選んだときよりもさらに慎重に考えて行動しなければならない。辞めグセがついてしまっては、ますます自分のクビをみずから締めることになって人生に失敗するだろう。

●目先の損得よりも人間信用状が大切

少なくともＥＱ型人間は、このように目先の利益をつかむことにこだわるような生き方を選択することはしない。同様のことが、人間関係のあり方についてもいえるのである。経験的に友人をつくることはたやすいが、頼もしい人脈をつくることは容易ではないことを知っている。なにより目先の利益にとらわれず、息の長いつきあいを重ねていってはじめて人脈づくりは可能なのである。

相手がいまのあなたの仕事に関係がなくても、興味と好意が持てる人間ということでつきあいを持続させていると、まったく思いがけないところで縁がつながって、あなたの仕事に結びついてしまうことがよくあるのだ。むしろ、いま述べたような形でビジネスが展開されていくと、まずもって人間の信用が先行しており、そのうえでそれなりの仕事をしているという社会信用状が付加されるので、だいたいうまくまとまっていくものである。

それが、トクか損かというビジネス感覚をムキだしにして、そこに「人間」が出てこない場合には、企業対企業の打算的な関係だけが突出していくことになる。つまり、お互いが企業のヨロイをつけてのつきあいがあるだけで、個の人間としてのつきあいはほとんどない。だから、ビジネスの打ち切りがそのまま人間関係の断絶につながってしまうのだ。

しかしながら、心の交流を通して人間信用状を獲得しておれば、「あの人のやることならば信用できる」という評価のおかげで、その仕事の内容がなんであれ、つねに再生産のきくフォローアップができるのである。

●合理主義では割り切れない「相手の得」も考えるＥＱ思考

このように、きわめてクールなビジネスの世界ですら人間性を前面に押し出していく傾向が、近ごろではとみに強くなってきている。人づきあいにおいてはなおのこと、あまりに合理的であったりすると歓迎されないのである。

実際、合理主義をつきつめていくと、非合理の世界を創り出してしまうことがある。とりわけ人間関係の場合、合理的であることは人間らしさを疎外してしまって、心の交流がうすれてしまう恐れがあるのだ。よく経験することだが、合理主義の遵奉者が、その精神をつきあいの世界にまで持ちこんでくると、その人のエゴイズムと、別れてからの後味の悪さだけが残ってしまう。

合理主義も自分のことだけならいいが、相手のある人づきあいにまで及んでくることは、あまり好ましいことではない。この点つきあい上手が、いつも人の心にくさびを打ちこんで相手の信頼を得ていくのがうまいのは、すぐれた商人が持ち合わせているオマケの精神を、しっかりと身につけているからではないだろうか。

つまり、どんなささやかな行為をするにしても、なにか付加価値をつけていって相手のトクになるように心掛けていく姿勢がまずあるのだ。自分がどんなトクをするかと考える前に、相手にとってどんなトクになるかと考えていくのが習性になっているのである。たしかにいまは、権利意識が発達してきて、だれもが自分の欲望を満たすためにはあらゆる権利を主張するが、自分のトクにならないことは一切しないという傾向が強い。

傾向が強いといっても、自分の利益をはかること自体は悪いことではないが、それがあまりに利己的であったりすると、ことに人間関係の場合は必ず失敗している。元来、利己心というのは人間である以上だれもが生まれつき持ち合わせている。だが、それについての従来の発想の角度をちょっと変えてみて、おのれを利するタイミングを少しばかりずらせば、その心を生かすことができるものである。すなわち、おのれを利するためには、相手を利することが先である。

●ミーイズムよりユーイズムでつきあい上手に

ミーイズム（自分中心主義）よりはユーイズム（相手を思いやる主義）でいくべきなのだ。相手の利益をはかってやれば、結局はおのれの利益になって返ってくる、ということである。この「先義後利」の考え方が、本当のつきあい上手に共通する考え方である。しかもひとりでは生きていけないことを思えば、この考え方は自立を確固たるものにするうえで、きわめて大切なことである。

そこでつきあい上手の日常の行動だが、まず大義をよくわきまえたうえで、自分のできることを相手に与えるサービス精神に徹しきっており、その見返りの報酬については、相手の心の受け皿の容量に応じて、ブーメラン効果さながらに返ってくるもの、と明快に割り切っている。このような知的サービスについての対価は、相手の心の引き出しにしまわれていく〝人間の評価表〟あるいは〝信用状〟である場合が多い。

この値打ちは、カネによって換算できないほど高いものである。相手によっては、その受け皿のサイズに応じてそれなりの報酬を考えて、モノ、カネ、その他の手段を用いて対応してくれることがあるとしても、これもお互いの心のボールのキャッチボールとしてエール交換していると思えば、堅苦しくとらわれることもないわけである。

いずれにせよ、このような「先義後利」発想に切り換えていくと、おのずから行動のしかたが変わってくる。相手の犠牲において自分の利益をはかろうとする考え方を捨てたときから、まったく新しい自分が生まれると思ってもよい。自分のトクを考えるように相手の利益をはかることを考えて行動するのであるから、行動のすべてに張りが出てくるものである。持てる知識や知恵を相手にどんどん提供していっても、それによって知的再生産もきくし、結果として自分のためになると思えば、決して惜しいものではないはずだ。

この旺盛なサービス精神を持つことが、なにより世のなかで〝伸びる人間〟としての評価を得るのに効き目のある自己ＰＲになっていくものである。そしてこの評価が、ＥＱ型人間が成功するために貴重なイメージ効果をもたらすのである。

③　ＥＱ型人間は人がついてくる好感人間である

●受け身の人生が多いビジネスマン

これまでなんとなく受け身の人生を送ってきたあなたが、あらためて真剣に自立の問題を考えてみる気になったとしよう。自分の人生を主体的に生きてみせようと決意したまさにそのときが、本当の意味で自立するスタート台に立ったことになるのだ。

その決意をするまでは、かりそめのビジネス人生だったといってもよいだろう。なぜなら、社会人になるまでは親の庇護下にあって甘やかされて育てられてきたであろうし、社会人になったあとも庇護者の立場が企業に取って代わられただけのことである。

自分の足で踏み出そうとしないかぎり、受け身人生の状態は少しも変わらない。親が、あるいは企業が敷いてくれたレールの上を、ただひたすらに走り続けていく人生だ。それも庇護者がうまくカバーしてくれているうちは、あなたの人生もたしかに安泰であるかもしれない。が、そのカバーが不可能となったとき、あなたの立場はたいへんみじめなことになるだろう。

したがって、そんなぬるま湯に浸った状態からは一日も早く脱け出していって、自分の意思で人生を生き抜く態勢をつくり、ひととおりの準備を整えてから主体性ある人生に向けて新たな一歩を踏み出すことである。

●「人を使う」から「人を動かす」時代に

その準備のひとつに、「人を動かす力」を身につけることがある。そうすれば、なにをやってもうまくいくからである。人が動かなければモノの動きも鈍いのが、低成長時代の今日の現実である。高度成長期にはモノは作れば売れる状況にあったので、人間の果たす役割は小さく、むしろ歯車の一部として使われていく傾向が強かったが、世のなかは大きくサマ変わりしているのである。

そうであるのに多くのビジネスマンは、〝人を使う〟という観念にとらわれていて、〝人を動かす〟環境づくりに取り組んでいこうとしないように思える。

すなわち、企業でも人でも、その置かれた立場からいって権力、地位、肩書があったりすると、下請けを使う、部下を使う、といったように、相手を使う発想にいまなおこだわっている感じだ。人を使うことで結果として得られるものは、うまくいった場合に指示・命令を与えた仕事がそのとおり仕上がってくることで、それ以上のプラスアルファは期待できない。下手すると指示どおり完了しなかったことの責任を、お互いに転嫁し合うような形になって、気まずい場面が起きるようなこともあるだろう。

それが、あなたに人を動かすパワーがあるとしたら、仕事はもちろんのこと人間関係もたいへんうまくいって、自立には好都合なよい循環が得られるのである。

●人は理屈では動かない

人を動かす魅力があることは、相手が自発的に動いてくれるわけで、あなたに対する思い入れが働いてそのような動きにつながっていく。そのため、なにかの指示・命令に対処していく際には、あなたにとってよかれと懸命の努力をして、期待以上のことをやってのけようと心掛けるものである。このように、〃人を使う〃のと〃人を動かす〃ことの間には大きな違いが存在するが、その違いはやはり、個人の魅力がモノをいうことはたしかである。

近ごろは、アタマを用いて理屈で人を動かそうとする輩が多いが、思うようにいかないのが現実であるだろう。それは、基本的に人を巻きこむ（インボルブする）力が身についていないからである。だれだってそうたやすくは他人の都合で動かされるのはイヤなのだから、人を動かすヒューマンパワーが不足気味のビジネスマンが自立したつもりでいても、実体は本人だけのひとりよがりとなりかねない。

ひとりの能力には限界があるのだから、職場においては上司、同僚、部下をそれぞれの立場に応じて巻きこんでいって、彼らの協力を得ることで戦わねばならないことが多い。その際に、いつでも必要な力を引き出していけるような人間関係があるかどうかが、あなたのパワーを左右することになるのだ。

社内パワーはもとより、社外の人脈パワーについても同じことがいえよう。だが、そういうパワーを活用できるまでの人間関係が確立するには、なにより人から好感を持たれることが大切だ。好感を持たれれば、仕事もうまくいくし、人生を楽しく送ることもできるわけだから、好感というのは、いわば人間関係の血液に相当するものであろう。

●人を動かすパワーのつけ方

そこで問題は、単に嫌われていないという程度の好まれ方であっては、パワーとみていくには心細いかぎりであるということだ。たしかに、人間関係の基本であるあいさつが、きちんとタイミングよくできる分には嫌われることはまずないだろう。が、パワフルな好感はもう一歩踏みこんだつきあいを通してつかみとるものである。そうなれば、おのずと相手からの思い入れが働いて、よろずよい結果を生むようになる。

ちなみに、とくに協力を求めなくても〝なにかをしてあげましょう〟と人からいってくれるような、そんなパワフルな好感をつかむには、一体どのような知恵を働かせたらよいものであろうか。

結論からいえば、ふだん本当に価値あるものを提供していることである。さらにいえば、相手があなたを第三者や敵にまわすより、仲間のひとりにしてしまうほうがいいと思わせることである。つまり、あなたに会えば必ず、なにかしらの有益な情報や知恵を得るという信頼感を与えること、これが人間関係を育て上げていく大きな糧のひとつであるのだ。

ただ、ここで留意してほしいのは、相手にこうしてやればそうなるはずだという具合に、「結果」を求めて動くようでは失敗する。打算的な成果を求めて〝いま〟の行動を選ぶやり方では、いたずらに相手に警戒心を抱かせてしまうだけで踏みこみを誤ることになるだろう。

人の心のデリカシーをよくわきまえてふるまうことが、本当の人を動かすパワーに結びつくことになるのである。

④　ＥＱ型人間は自分の器量を把握している

●企業が傾くのは、自分の責任という自覚

伸びていく企業というのは、じっくり開発投資を続けていって、すばらしい新製品、新事業を生み出すための勝負にかける決め球を持っているものである。ところが、停滞気味にある企業は、先を読む戦略性に欠け、利益が出ても発展的投資をせず短期の安逸を貪る状態であったために、ヒット商品も出ず、かつての花形商品を売りつなぐのみで、やっと生き残っている感じである。このままいけば、資産をすっかり食いつぶして廃業ということになりかねない。

このような企業格差は急に生ずるものではなく、いつのまにか染みこむように進行していくので、事態が表面化したときには、すでに手遅れである場合が多いものである。このような原因を経営者に帰するのは簡単だ。しかし、そこで働く、すべてのビジネスマン、とくに中堅の人たちの責任は重いのである。

では、なぜ多くのビジネスマンがこのようになってしまうのだろうか。三〇代後半の年齢までは、体力にモノをいわせる感じでがむしゃらに突っ走ってきたものの、四〇代になって影が薄い存在になってしまうのは、見せかけの体力に限界がきて、この自覚症状が顕在化するからである。新人であるならまだしも、ある程度キャリアを積んだビジネスマンが、自分にとってオリジナリティのある新製品にどんなものがあるのかをはっきり認識できないようでは、先行きビジネス人生の展開がうまくいくのか思いやられる。

新製品すなわち自分のセールスポイントとなる切り札を、着実に開発してこなかったツケを払わされることになるからだ。したがって、人生を主体的に生きていくのに必要な準備として、前述の「人を動かす力」に加えて「自分資産」をしっかり把握しておくことが大切である。

●「自分資産」の把握

足が地についたやり方でＥＱ能力をアップしていくには、まずは自分の総合力のベースとなる「自分資産」の中身を解明することが先決である。いざというときにどの程度のパワーが出せるか、その出力の度合いを推測できる判断材料を持つことが必要なのだ。自分資産の内容を十分承知していれば、少なくとも自分の実力とかけ離れたところでの背伸びした行動はとらないはずである。そんなツッパリは大ケガの原因になることは、体験的に知っている。

そうであれば、あなたの性格のなかでカッコつけた部分や単なる飾りでしかないところをバッサリ切り捨てることによって、ホンネの部分であなたの持ち味が明確にされていくはずである。またこの点にこそ、真実のセールスポイントがなんなのか自覚できるカギがある。自分の属性となっている真実のセールスポイントであれば、それは相手からも納得できるオリジナリティと受け止められて、相応に高い評価が与えられよう。

そこで自分資産を解明する手続きだが、有形資産と無形資産とに分けてみると理解しやすい。有形資産というのは、マイホーム、預貯金、有価証券、クルマなど、どちらかといえば生活必需品に近い。これに対して無形資産とは、文化とか教養とか、人間らしい生活を営むためには絶対不可欠なものをさす。すなわち、仕事上の専門知識や技術、組織や社会のなかでも協調していけるようなパーソナリティ、健康、信用、人脈などがあげられよう。

●問題は「無形資産」の中身

この場合、有形資産については、いまの世のなかではとくに高望みしなければ、いちおう充足されていると考えられる。問題は無形資産の中身である。この無形資産の内容が豊かであるかどうかで、あなたの将来の発展度のバロメーターがはかれるとみてよい。したがって、自立していく道を模索するとなれば、まず無形資産の現状を把握して、それをさらに充実させていくことを考えていくべきであろう。

自分の立場を有利にするために要領よく立ち回るとか、上司にこびへつらうだけなら、その気になればだれだってできる。しかし問題は、それが組織に受け入れられるのか、相手に評価されるのかである。あなたの周囲にも上司にとり入るのがうまい男がいると思うが、軽蔑されるか、サスガと感心されるかは、いったいどんな違いから生じるのだろうか。

人間的に信用できない、たいした能力もない、実績もないといったダメ男がズル賢く立ち回ったとしても、だれも相手にはしないはずである。ところが、同じようなことをしているにもかかわらず、やり手・キレモノは違うなあ、とプラスに評価される男もいる。結局のところ、その違いは人間のデキそのものが問われているからだ。ＥＱ型人間を志すにあたっては、無形資産があるのかないのか、一度自分のタナ卸しをしてみる必要があるのは、その意味においてである。

そういうわけで、自立に必要な無形財産とはなんだろうか、もう少し具体的に検討してみよう。

まず自分の能力という点では、なにができるかをチェックしてみたい。仕事でも趣味やスポーツでもよいが、他人よりも自信がありそうなものがいくつあるか調べてみる。「セールスに関しては自信がある」「人使いがうまい」「手先が器用」「世話役が得意」「コンピュータには自信がある」……など、これまでの体験から判断して、自分のセールスポイントを明確に把握しておくことだ。

趣味についても同様に、どんなことに興味を持っているのか、じっくり考えてみることも大切である。好きこそ物の上手なれというように、好きだからこそ興味を抱き、それが高じて専門家になっていくことはよくあるケースである。

画家、陶芸家、作家などの芸術家たちは、たいてい小さいときから好きなことを夢中でやっているうちに、いつのまにか本職になっていった。つまり、好きなことが才能という形で開花することもあるのだから、自分の過去をふりかえってみて、本当に好きなものがなんであるのかあらためて考えてみるのもよいことだ。自分資産のなかに眠っていた思いがけない能力や才能を見い出すことができるかもしれない。

筆者の場合、メディエイター（人間接着業）と自称しているが、中学、高校時代から深く興味を抱いていたことを、自分なりに具体化していこうとする仕事であると思っている。

●筆者は「読書」から師を得た

かつて筆者は本を読むことが好きで、手あたり次第乱読するおとなしい文学少年であった。が、いつしかフランス文学のモラリスト（人間性や人間の生き方を探究する）系統の作家や思想家たち（バルザック、スタンダール、モンテーニュ、デカルト、アランなど）の作品にのめりこんでいった。とくに傾倒したのはアランであり、その弟子のアンドレ・モロワであった。結果的にはこのモロワが、筆者にとっての〝人生の教師〟になっている。

こうして長い間にわたって培われた人間の生き方についての関心が、自分資産の根底にあったからこそ、思いきった行動に踏み出すことができた。日ごろからいちばん興味を持つ「人間関係」の分野で、おのれの人生を賭けることにしたのである。

もっとも興味がある以上、人と人との触れ合いを大切にして、一人ひとりの心のなかにていねいなくさびを打ち続けてきた。黒子として世話役、幹事役に徹してきたことも、無形の人間資産をふやす結果になって、その数の多さがいまや自立して人生を送るのにたいへんな心強い支えとなっている。

⑤ マルチメディア社会へのしなやかなＥＱ型対応法

パソコンを使いこなす、インターネットにアクセスすることができないようでは、マルチメディア社会に取り残されてしまうのではないか、そんな危惧を抱き始めているビジネスマンが少なくないようだ。だが、そんなに肩に力を入れないで、もっと気楽に対応してみてもよいのではないかと思うのだ。ニューメディアを擬人化して友だちとみなし、人間関係と同じ感覚でつきあってみたらどうだろうか。たしかに、ニューメディアは手軽に早く情報をキャッチすることができるし、情報を取りこむ総量は桁違いに大きいものであるだろう。そうなると、情報を集めるだけにエネルギーを消耗していくだけで、じっくり分析する時間がなくなってしまうこともあり得る。

受信者は、なにがしたいのか、どういう情報がほしいのか主体的に選択できなければ、氾濫する情報の渦に巻きこまれてしまうわけだ。であればこそ自分が主役であって、自分らしい知識生活を充実させていくために、ニューメディアを価値ある小道具と受け止めて楽しむ姿勢が必要である。

その際に、とりわけ日常のコミュニケーションにおけるニューメディアの位置づけを明確にしておかないと、人のことばでの交信もなく、感情や情緒も伴わない世界に漂うことになって、人間らしく主体的な生き方ができなくなるだろう。

●マルチメディアとコミュニケーションの問題を五感により解明すると……

その点に関して、最近深く考察できるよい機会に恵まれた。全国の勉強会（異業種交流会）ネットワークの「知恵の輪」全国大会が仙台で開催されたが、筆者はその大会にパネリストとして参加した。シンポジウムのテーマが「二十一世紀型コミュニケーション世界とは」ということで、マルチメディア社会におけるコミュニケーションのあり方について討論したが、いくつか興味深い論点がクローズアップされていた。

まず、〝他人とのコミュニケーションにニューメディアをどのように活用していくか〟についてであるが、人づきあいというのは、五感（視覚・聴覚・触覚・嗅覚・味覚）をまるごと使ってはじめてうまくいくのに、ニューメディアによるコミュニケーションでは、五感のうち視覚と聴覚しか用いないことが多い。目と目を合わせて話をするコミュニケーションの原点が欠けているわけで、あくまでも限定的な力しか持つことができないと思う。

次いで〝顔の見えない人間関係は長続きするのか〟という論点には、否定的な見解を開陳した。会話は対話であり、波長の合う人と顔と顔を見合わせながら、心豊かな時間を共有することで人間関係のだいご味を満喫できる。それが、コンピュータの「画面」とだけ接しているのでは、人間そのものが多次元であるだけに、いずれ物足りなくなって飽きてくることは必定だ。

しかも今日のような飽食の時代にあっては、モノリッチ、カネリッチであるよりは、心通う友人仲間とすばらしい時間を共有する喜びを味わえるタイムリッチが求められており、そんな時間の総量が、人間の幸福の総量に結びついていくものである。ところが、きわめて憂慮すべき状況が進行しているようである。

●パソコンに逃避してしまう若者 〝人生空洞化の危機〟

若者のトレンドに精通する友人から、「若者のライフスタイルが、パソコン画面に向かってひとり酒を楽しむ、そんなコンピュータオタクがふえている」ことを聞かされた。人づきあいがきちんとできていて、時にひとり酒を楽しむなら納得いくが、人と話すのが煩わしいし苦手だからということで、自分の思いどおりになるコンピュータに逃避していくケースが、若者に多いのではあるまいか。

人は、二〇～三〇代の感性豊かな年代のうちに、いかに多くの本を読み、いかに多くの人と出会ったか、その量の多さが四〇代以降の人生の豊かさを決めていくものである。この体験的事実を知るがゆえに、ＥＱ型人間は、ハイテク社会を十分に視野に置きながら、その一方で人生が空洞化しないように心掛けて創意工夫している。

それはちょうど、まんじゅうなど和菓子の甘さが、砂糖本来の甘さに塩味を加えることでほどのよい甘さのかくし味を滲ませているように、ハイテクに人間臭さというローテク（面倒なこと、厄介なこと、手間ひまかかることのようなゆさぶりしぐさ）をたっぷり絡ませて、バランス感覚に富む人間像を築きあげているのだ。

実際、人間関係はローテクそのものであるので、コミュニケーション手段をハイテクに依存して手抜きするようでは決してうまくいかない。とりわけこれからの世のなかは、高度の技術革新が進むほどに、その一方でバランスをつけるかのごとく人間らしさが強く求められる社会になっていくことだろう。

●ニューメディアと上手につきあうには

時代の変化がどうあろうと、つねに主役を務めるのは人間であるからだ。そして、主役がサマになっていくためには、ニューメディアとのつきあい方にも人間関係のコツをとり入れて、効果的に活用することである。

人にはだれしも、苦手なタイプや好きなタイプの友人仲間がいる。当然ながら、それぞれのタイプに対する思い入れや距離感は異なるはずだ。好きなタイプにはなんの努力も工夫も要せずにおのずとうまくいくものだが、苦手なタイプとつきあうには、心のあり方に一種の割り切りが必要になってくる。このセンスをニューメディアになぞらえていえば、ニューメディアに苦手意識があるなら浅く対応するように心掛けてみるのである。

人づきあいにおいてもそうだが、嫌いなヤツ苦手なタイプだからといって相手を完全に無視すると、あえて敵をつくることになってこちらに害を与えかねない。せめて顔を合わせたらあいさつぐらいのことはやっておくべきである。会話をするにしても仕事仲間の相手なら、ビジネスライクに終始すればよいことだ。嫌いな相手とは、人間らしい会話をしようとしてもいちいち神経に触る感じがするもので、うまく弾んでいかないからである。

同様に、ニューメディアに馴染めないけれども業務上必要ということであれば、最小限の知識と技能を身につけるのは、仕事を円滑に取り運ぶためのあいさつと割り切って考えていく。苦手なものを、若者に対抗意識を燃やして力むほどの価値はあるまい。むしろ、ある程度の段階までマスターしたら、それ以上のことはプロもどきの技能を持つスペシャリストを味方に巻きこんで活用すればよいことだ。

ただ、何事であれ最初からあなたまかせの他力本願でいくようでは、協力を求めても拒絶反応にあいかねないが、少なくとも自力でやれる範囲のことはやってのけて、そのうえで足らざる部分を補填してもらうことは、よいコミュニケーションのとれた人間関係があるかぎり可能なことだ。

ＥＱ型人間の強みは、社内外に自分にはない持ち味を持つ有能なスペシャリストを数多く味方にしていることである。したがって、マルチメディア社会がどのように進行しようと、つねに足らざるところをカバーし補うことのできるようなネットワークをしっかり築きあげているので、ＥＱ型人間は、人生を思いどおりに、かつしなやかに生き抜いていけるのである。

⑥　ＥＱ型人間は決断が早くて即実行する姿勢がある

●ＥＱ型人間は意思決定のモノサシを持っている

自立するには、自立して生きようとする意思決定、すなわち決断がまずあるべきだ。そして、ひとたび決断したからには少々困難なことであっても、みずから決めたことをきちんとやり通す実行力が必要である。人間としてあなたへの信頼感は、この決断力と深く結びついていることが多い。

サラリーマンはふつう似たような生活スタイルであるように思えるが、ＥＱ型人間の特色は、日常的なことでも、仕事や人生のさまざまな局面においても、どれを取ってなにを捨てるか取捨選択について、個人的なモノサシを持ち合わせていることだ。

たしかにわれわれの日常は、日々選択の連続である。出勤の際のネクタイや服装のはてから人生を賭ける職業の選択にいたるまで、なんらかの選択をしているが、この一連の選択のしかたによって他人とのちがいが生ずるようになる。それがその人の身についている個性というものであろう。

選択にあたっては、価値観、好み、感性といったようなものがベースにあるわけで、そこであなたの選択が他人の選択眼にかなっていたりすると、「個性的である」「センスがよい」という評価につながっていく。したがって、周囲の人の評価をいつも気にして自分の選択をまげてしまったら、ふつうのサラリーマンとしての評価のなかに埋没していくことだろう。少なくとも個性的な生き方は望み得ないし、結果として自分の意思によって選択した生き方でないために、そこに充実感満足感は味わえないことになる。

ここで、決断力についてもう少し踏みこんで考えてみることにしたい。一例として日常的に決断をせまられている職場リーダーの有様について触れてみよう。

●意思決定できない勉強家の課長

中堅商社のＡ課長は、勉強家として全社に知られている。ベストセラーになった経営書はひととおり目を通しているし、あちこちで開催されるビジネスセミナーにもよく出席している。そのためでもあるのだろうが、景気の動向や世間の事情について実に詳しい。だが、この豊富な情報・知識量が判断材料になって、その意思決定に結びついていかないところに、大きな問題があるのだ。

おそらく日ごろから決断力を養っていないために、リーダーシップを発揮する肝心のタイミングをはずしてしまうのであろう。たしかに不況のさなかでそれぞれが手さぐりで働いている状態であるだけに、第一線のリーダーとしてＡ課長の悩みは深刻だ。

部下の士気を鼓舞するために、抜本的な対策をどう打ち出したらよいものか、なかなか決められないでいる。部下としては方針を早く決めてほしいと切望しているのだが、Ａ課長は性格的に慎重型なのか意思決定が遅い。うっかり先走った判断をして部下の管理を誤まってしまったら、上司の部長からどんな大目玉を食らうかわからない、という懸念があることが、その慎重さに拍車をかけているようで決断がつかない。

セミナーや研修受講中には、管理能力の決め手のひとつとして、決断力の重要性は十分に理解できたつもりでいたことだろう。だが、いざ実際にその局面にぶつかってみてなお慎重であるということは、部下からは優柔不断な課長としか思われないだろう。

どこへ行きつくのか到達点が、あるいは一〇〇％結果があらかじめわかっていれば決断する必要はないが、どうなるか結果がわからないからこそ、リーダーの決断が求められるのである。はじめから結論がわかっている、そんな決まったレールの上を走っているような決断なんて、決断とはいえない。

●決断する能力は普段の努力で向上できる

このことは、リーダーにかぎらず自立を志す者はすべて心得ておくべきことなのだ。ちなみに、なにかの行動を起こすに当たっては七〇％の勝算があれば、決断し、着手してみたらいい、という向きもある。なぜなら、優柔不断で決断を延ばすことのほうが、結果が悪いほうにいきがちである。早い決断には、タイミングよく早く行動に移れるという利点があるというわけだ。

しかしながら、そうすればいいと承知していても、いざというときに迷いやためらいがあるのは、当事者の日常性に問題があるのではあるまいか。逡巡することなく決断できるためには、勇気、知性、直観といったことが必要であるのだが、それらはすべて先天的性格にあるのではなくて、後天的能力のカテゴリーに入るものである。

物事の是非を判断する力も、思いきったことを断行する実行力も、同じように後天的能力であるのだ。したがって、あなたが努力しさえすれば身につけていけるはずのものである。ただ、不断の努力なくしては、絶対に会得できないものであることはたしかである。

日ごろあなたが直面するどんなささやかなことであっても、一つひとつ丁寧に、この決断パワーを発揮していくことである。それは、小さな実践の積み上げが、いざというときにモノをいうすばらしいエネルギーを発するようになるからである。事が大きいからといって、なにも特別にあらたまったパワーを必要とするわけではない。日ごろ実践していることから、この決断パワーを用いるコツをつかんでいれば、そのときになってムリをしなくても十分に対応できるものなのである。

つまり、小さな勇気もないのに大きな勇気ならあるとは考えられないのと同じで、すべて実践マインドには、一貫した連関作用があるものである。そのときだけ飛躍して、なにかのパワーが起こるというわけにはいかないのである。

それでは具体的にどう自己管理して、決断力を強めていけばよいのだろうか。経験豊富な専門家は、次の三項目を守ることを勧めている。

① 小さな事項は即断する。
② いったん意思決定したら他の案は忘れる。
③ 決定したことを必ず実行に移す。

このような、日常のさ細な決断を習慣化していけば、重要な決断をするにためらうことなく、断固たる態度をとれるというのである。

ここで、決断力について筆者のささやかな体験から思うことは、決断力のある人は、決断する前は慎重に考えるが、自信を持って選択を決めたら、あとはもう結果を気にしない。その点で、決断力というのはオプチミズム（楽観主義）と密接な関係があるのではないかということである。

シュワイツァー博士のことばのなかに、勇気づけられる名言―私は世界のこと、人類のこと、政治のことについてはペシミスティク（悲観主義的）だが、日常的なことについてはきわめてオプチミスト（楽観主義者）である――があるが、あのすばらしい行動エネルギーの源流をみる思いがする。

２章　ＥＱ型人間は逆境をバネとする

①　リストラの対象になったらどう対処する

今日のように厳しい企業環境が長く続くと、いつリストラの嵐に襲われるかわからないほど不安定な世のなかである。自分だけはリストラの対象外であるといえる確信は持てない状況だ。最近では、リストラ年齢を三〇代後半に繰り上げる企業も現われはじめた。したがって、リストラの対象になってはじめて今後の対策を考えるようでは、リストラに対してあまりに無防備であって、人生に取り組む覚悟が甘いといわざるを得ない。

企業を環境適応業であるとみなすならば、社員の一人ひとりは環境適応人でなければならない。したがって、つね日ごろ企業の動向におのれのセンサーを働かせて、対処法を考えておく必要がある。いつでも会社に対する思い入れや未練を断ち切れるように、いま自分が会社を辞めても、会社はなにも困らないということを意識のなかに入れておくことだ。

そのような考えに立てば、いざというときに慌てふためかないための心の準備や、組織を出ても通用する人間となれるように、資格や技術を身につける工夫をしておくべきである。このような姿勢をとれば、運よく定年まで働けた人も、定年後の人生設計をするにあたってたいへん役立つであろう。

そこで、リストラの内示がすでに発令された場合と、企業環境からみて近い将来リストラが実施される可能性がある場合とに分けて、その対応策を考えてみることにしよう。

★リストラの対象者になった場合

●まず、自分の就きたかった職業に挑戦してみる

いまの会社を離れたらなにをやりたいのか秘かに心に決めているものがあれば、それに向けてまず一歩踏み出していけばよいが、そんな心の準備がないビジネスマンが大多数ではあるまいか。

企業からある程度まとまった金額が支給されたとしても、各種ローン返済などでかなりの目減りが予想されることから、当面経済的基盤を確保するために再就職しなければならない。問題は、再就職する対象の選び方である。どう生きていきたいのか、次なる人生目標と絡み合わせていく選択が必要だ。

理想をいえば「童心」に立ち返って生きていくための職業選択である。童心という字を分析すれば、里に立つ心―ふるさとに帰る心―原点に立ち返る心、というように解明できる。したがって、あなたが少年のころより夢みていたことや青年時代のロマンをあらためて掘り起こしてみて、そのやりたかったことを実現するのに役立つような職業や環境に身を置くことを考えてみる。

必要とあればある程度の期間は、体得するためのカルチャースクールや職業訓練所において修業するのもよい。会社のために生きてきた人生を、自分のために生きて社会に奉仕していくためには、自分に

投資する感じで、時間、カネ、エネルギーを費消することも必要な手続きであると心を切り換えて割り切ってしまうことである。

結果としてこの投資が効を奏して、体力気力の続くかぎり好きなことがやっていけるようになるだろう。どんなことでも好きなこと、やりたかったことであれば、ゼロの状態からスタートしても上達は早く、しかも一〇年間やり続けてみればプロ並みの実力がつくものである。さらにいえば、生きているかぎりエネルギーを燃やせて飽きることはない。

こんな具合に、第二の職業選択は、かくありたいというおのれの意志を素直に反映させていくものであるのがベストである。

●次善の策は、意に沿わなくても就職する

しかしながら、なにをやりたいのか迷っているとか、諸般の事情からそこまで思いきった生きざま転換ができないときは、次善の策として「飯のタネ」感覚での職業選択をする。

友人知人の縁や公私を問わず人的機関を利用して、たとえ意に沿わないものであってもなにかの仕事に従事することだ。それは、自分が本当にやってみたいことを探し出すためのつなぎの期間とみてもよいだろう。ただその際には、あなたの発想の転換が必要であるかもしれない。

多くの場合、リストラによる再就職は年収が減少するので、生活レベルを従来より低くして分相応に生きていくようにハラをくくることが大切だ。どのへんで生活に折り合いをつけていくかを考えて、共働きや子供への教育投資を減らすなど、家族の協力を求めることもありえよう。働き盛りの年齢でリストラの対象にされるときは、とりわけ家族みんなで知恵を出し合って非常事態を乗り切る工夫をつけていくことである。

●「じっくり」よりも歩きながら考える

ここで留意してほしいことだが、これまで勤務していた会社を離れて次なるステップを踏み出すまで、かなりの空白期間を置いてしまうのはあまり望ましくない。今後のことをじっくり考えて、方針が決まってから動き出すつもりで本人は慎重に構えているのだろうが、経験的にみて考えてから歩き出すよりも、歩きながら考えるほうがよい結果に結びつくことが多いように思える。

事実、これまでのビジネス人生のリズムをいったん中断させてしまうと、次のリズムをつくり出すにはかなりの努力とエネルギーを要することになる。つまり、めざす目標に向けて飛ばしてきたロケットの燃料タンクが空になったら、すぐさま第二、第三とロケットを飛ばし続けていかないと、目的地にたどりつけない懸念が出てくる。空白が長すぎると気力が衰えてしまうので、いわばロケットの点火装置が錆びついて、いざというときにロケットを飛ばすことができなくなっている状況に早く気づくことである。

第一ロケットは、決められた押しきせ人生軌道を航行してきたわけだが、せめて第二ロケットを発進する際は、ぜひ自分の意志で選択した新たな目的地に向けて飛び立つべきである。そうしないと人生の最終段階で、いったいだれのための人生であったのかと悔いを残すことになりかねない。

★近い将来リストラの可能性がある場合

●社内異動でだめなら、転進を考える

まずはいまの会社の他の部門で、自分を生かせるポストに移れるかその可能性をもう一度見直してみることだ。企業によっては、部門が異なると職場の空気まで別会社のようなところがある。その部門で新たな能力開発にチャレンジすべく、あなたの社内人脈を通して積極的に運動してみるとよい。

その結果、どうやっても可能性がないとの結論に達したときに、はじめて社外への転進の道を模索するのである。いまや転職は〝転進〟に通じるばかりか、状況次第では社会的信用のひとつにさえ思えるようになってきている。そして、これまで受け身の姿勢が多かった転職が、現在は自分を生かす職場を求めるという、前向きで明るいケースがふえている。

したがって、ここでそんな転進に成功している人たちに共通している、転進へのマインドと行動とを解明しておくのも、自立への足がかりをつけていくうえで決して無意味なことではあるまい。

●転進成功への三つの条件と六つの心得

そこでまず、転進への道づくりは、三つの前提条件を充足させることが先決である。すなわち、これからの人生でなにをやりたいのか、あなたなりの「人生目標」がしっかり確立していること。次いで、その人生をさらに豊かにするには、あなた自身が教養と情報を身につけて「知的武装」していくことが必要だ。さらに、現状打破をめざすからには、目前に立ちはだかる大きな壁を一気に突き抜けていく「活力人間」でありたい。

転進成功への道
（３つの前提条件に６つの心得）

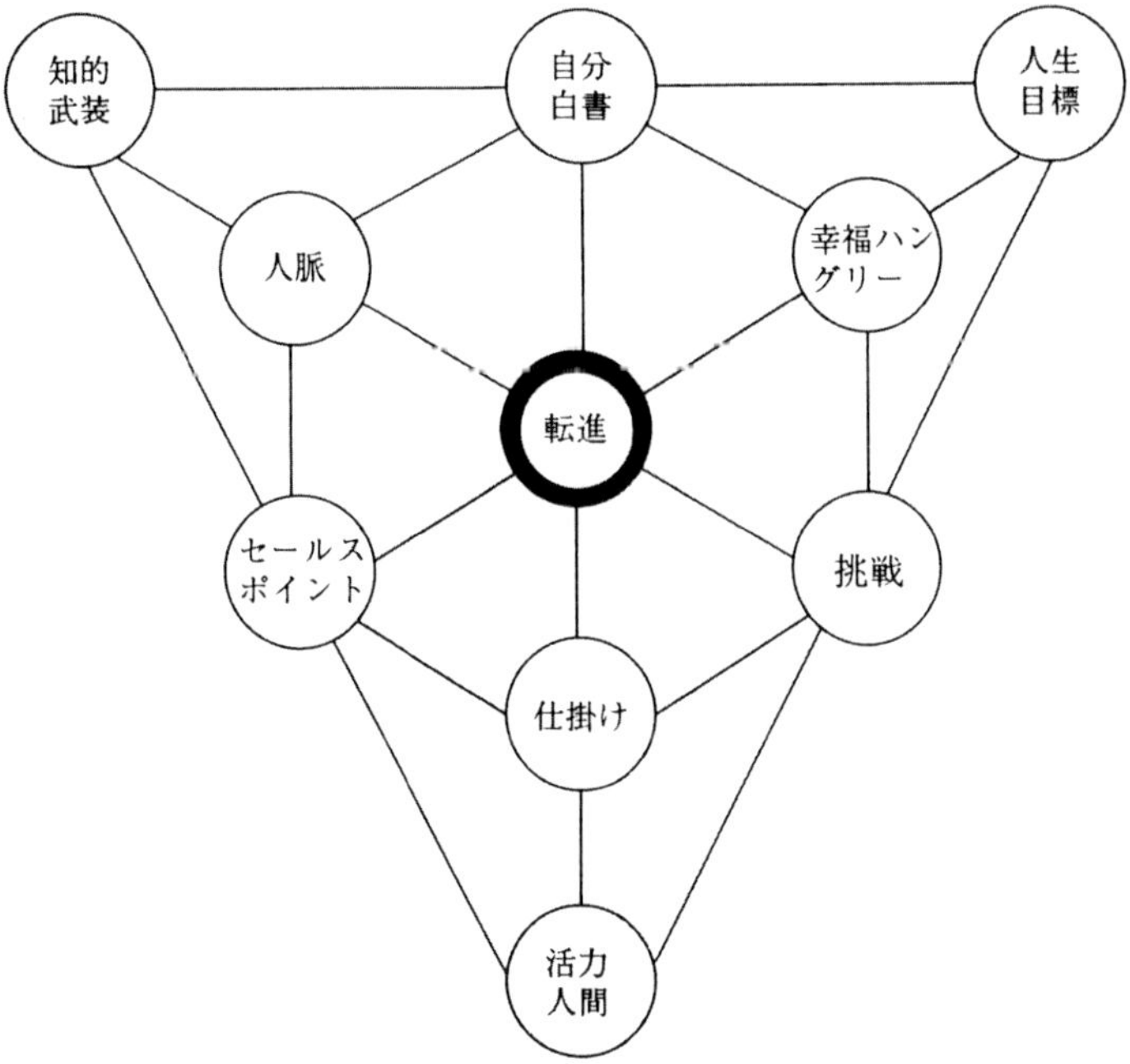

ただし、この三条件のそれぞれには、前頁のチャートに示すような六つの心得が相互にかかわりを持っており、それがすべて、よりよい転進への道すじをつけているのである。したがって、あなた自身をサマにしていけるような転進を望むなら、少なくともこれらの心得をたえず念頭において研究実践しつつ、絶好のタイミングをみはからって、慎重かつ大胆に行動することが大切である。

① おのれをみつめる「自分白書」（自分自身の位置づけなり市場価値を見直し、把握する）が書かれているか。

② 現状不満型の「幸福ハングリー」を持続していけるか。

③ 家族を説得してでも断固として「挑戦」していく勇気があるか。

④ 狙いをつけた会社の社長宛に直接自分を売りこむラブレターを書くぐらいの、こちらから「仕掛ける」作戦を持っているか。

⑤ 自分をアピールするキャッチフレーズとなる「セールスポイント」を認識しているか。

⑥ 感度のよいアンテナであり、相談相手や知恵袋になってくれる、「人脈」という無形財産に期待できるか。

② こういう時代こそ大きな夢を持て

●つねに人生・仕事にロマンを持て

先が見えない今日のような時代こそ、あえてあなた自身の将来についての夢を描いていくべきである。夢を持つこと自体、自立への活動の源になるからである。しかも、見果てぬ夢があるということは、そこにロマンを感じるものである。男の魅力を語るときに、絶対に欠くことのできない基本条件である。ＥＱ型人間であるためには、人生にも仕事にもロマンを持ち続けていく男であるべきなのだ。現代はロマンのない時代といわれているが、ロマンなき男性は、いつの時代でもパワーが不足気味である。

女にとっての理想的な男性像は、とかくの理屈はつけても結局は心やさしく力持ちの男である。その力の中身は、時代の流れで若干の変化があっても、エネルギーとバイタリティのあることが、つねにロマンを実現する原動力となっているものである。

ここで、なにかの機会にだれかから「あなたの夢はなんですか」という質問を受けたとしたら、あなただったらどういう答えが出てくるだろうか。もしも、かくありたいという夢なりビジョンがなかったら、現状のままでいいということであって、なんの進歩もみられないことになるだろう。

ＥＱ型とみられる人たちは、決して自分の世界だけに閉じこもることはないものである。世のなかの動きを見つめながら、いつも自分自身に新しいテーマを課して、たゆむことなく歩き続けている。しかも、その人たちに共通していることは、たいていなにかの形で自分を変えていこうと努力してきたか、夢を追い求めながら自分にプラスとなるような付加価値をつくり上げていることだ。

●自立したいという強い意欲とビジョンを持て

つまり、自分の人生に対し手をこまねいて流されるままに過ごすのではなくて、世のなかを渡るのに必要なロープを、みずからちゃんと用意しているのである。どれほど熟練したアルピニストでも、ザイルなくしては険しい山を征服できないのと同様、自立するためにはなくてはならない装備や条件というものがある。それはまず、「自立したい」という夢であり、そうありたいとする意欲、欲求が強烈であることだ。

病気の場合もそうだが、なんとしても治りたいと強い意欲を持つ病人のほうが、治癒率が高いといわれる。自立するにあたっても同様で、いまのままではどうしようもない、なんとかしてもっとしあわせな人生を、という切実な気持ちを持つことが大切なのだ。そこから、本当に自分を変えていこうとする意欲が湧いてくるのである。この意欲が活動の源であり、あなたの自己変革エネルギーになっていくのである。

そこで、自立への意欲を燃やしてはみたものの、どこへ向けて自立していこうとするのか、そのへんがはっきりしないとせっかくのエネルギーが空まわりしてしまいかねない。〝なんとかしなくては〟と気ばかり焦るだけで、あてもなくさまよう人生の漂流者になってはサマにならない。

事実、世渡りしていくには、渡るべき世のなかのどの岸辺に向けて進もうとするのか、その目的地を定めてからロープを投げ渡して、それにしっかりつかまりながら渡るのが堅実なやり方であるだろう。このロープの支柱となるのが、あなたの夢でありビジョンなのだ。その岸辺に向けて一歩でも近づくようにロープを手繰り寄せていくのが、世渡りではないかと思うのである。

もしも、あなたにビジョンがなくなったとしたら、人生を半ばあきらめたこと、あるいはみずから逃げてしまうことになりはしないだろうか。ビジョンというのは、自分が具体的な将来に「かくありたい」と熱望した、ある意味での結晶ともいえる。だから、ビジョン実現を求める原動力がそもそもなかったとしたら、なにもできないわけだ。

考えてみるまでもなく、どれほど優れた経営者でも、最初から経営者としてのビジョンが明確にあったわけではない。ただ若いころからビジョンを持ってビジネス人生を過ごすように心掛けてきたのである。課長のときのビジョン、部長のときのビジョン……とそれぞれの時代に応じて、ビジョンをキチンと持っていたのである。その結果として、トップの座を射とめることになったといえる。

ビジョン、すなわち将来に対する構想というのは、いつどんなときにも心に秘めていて、状況の変化に応じてつねに軌道修正を行う弾力性のあるものである。したがって、もし、あなたに自立へのビジョンのかけらさえ見られないとしたら、いつか必ず行き悩む時期が到来するに違いない。

●ビジョンの有無で人生・仕事に大きな差が出る

そこであなたが、「かくありたい」とひとつの構想を描くなら、まずなにから手をつけていったらよいのだろうか。自分のビジネス人生をマクロ的に把握することは大切だが、あまり遠い将来に目を向けるよりも、いまの時代のテンポに合わせ、三年、五年、七年先の道しるべを適宜考えてみるのも便法である。

自分で定めた道しるべに到達した際、具体的にどういうサマになっているかを描いておく。そうすれば、そこへ至る手だてなり段どりを工夫することはたやすい。目標となるビジョンもなく、毎日を行き当たりばったりに生きていくビジネスマンの周辺には、いかに多くの危険が渦巻いていることか。それを避ける判断のよりどころとしても、ビジョンは大切である。

ビジョンをはっきりと確立させているならば、仕事の段どりをつけるうえでも、対人戦略を展開するに際しても、事の軽重を見抜き、応対のアクセントの強弱をつけることができるようになるはずである。

要は、ビジョンの内容やその実現方法については各人各様のやり方があるが、ビジョンへの展開のしかたには、それなりの段どりがあるということである。

たとえば、自立への足がかりとしてなにかの資格取得を考えてみた場合、その資格が活用できるできないとは関係なく、どんなことでもよいがその資格を得ることを当面の道しるべとみて、どのようにすれば最初の道しるべまで到達できるかを工夫しなければならない。それが人生計画の第一歩である。

自分が望ましい状態に至る手だてを考えて、足もとをしっかり固めていくことが肝心なのである。しかもその際は、いつもつま先で立つような感じで、遠くにある道しるべを見ていきながら、進むべき方向に誤りがないかどうか確かめて歩んでいくべきだ。

日ごろからビジョンをみつめていくクセがついていないと、道中いろいろな形で遭遇する障害物や雑音にこだわりふり回されて、道に迷うことにもなりかねない。もっとも、道端に咲く美しい野草に気づいたら、ちょっと寄り道して花を愛でるのも、道しるべをしっかりとらえているかぎり、ゆとりある心を感じさせてくれるものである。

ビジョンを持つ人物は、将来に対する構想を実現していくうえで、いま何を考え、どんな行動をとればよいのかを、自分自身の社会的な位置づけから見てよくわきまえている。そのため、人間関係において身近にいやなヤツがいても「そんな小事にかかわっていたら、とても道しるべまで行きつけない」と思うことで、さらりと応対できるのだ。

仕事についても同様のことがいえる。仕事に取り組む場合も、ただ漠然とするのではなく、仕事の本質から選別して、自分なりの優先順位をつけて仕事に着手している。なにを計画し、どんな企画を実行するにしても、初めにビジョンありきということであって、これなくしては自立に向けてのあなたの段どりは、うまくいかないことはたしかである。

③　逆境に立ち向かう厳しい生き方に耐える

●なにが起きるかわからないのが人生と心得る

「火事場のバカ力」ということばがあるように、どたん場まで追いつめられた人間からは、とてつもないエネルギーが放出されることはだれもが知るところだ。もしあなたがそんな状況に追いこまれたら、果たしてそのピンチを乗り切るだけの反発エネルギーを、うまく生み出すことができるだろうか。

火事のような突発的な事故である場合は、生か死かの極限状態にあることで、生への執着心がそのエネルギー源となって、とっさに行動していけるのであろう。だが、ビジネス社会で追いつめられていく状態というのは、瞬間的なエネルギー放出ですむような火事と違って、たいへんな長さの〝時間〟を要することなのだ。

すなわち病気、左遷、リストラ、倒産、人間関係……といったさまざまなピンチの要因は、いずれも長い期間にわたって反発エネルギーを持続させていかないことには、負け犬人生を送ることになるからである。だから、逆境というマイナス環境をプラスに転換させるための、その人なりの心の仕掛けが絶対に必要なのである。これはまさに、裸の自分との闘いであるといえよう。

先行きなにが起きるかわからないのが人生である。あなたにもいつなんどき逆境とみられる事態が襲いかかってこないともかぎらないのだ。そして、人は〝逆境〟では孤独なものである。自立していくための心得のひとつとして、「孤独とどうつきあうか」という難問を解決する方法をあなたなりに工夫することである。

●逆境と孤独に耐える精神力を持つ

逆境に耐える強い精神力が必要なのだ。とりわけリストラ要員とみなされてからは、周囲の冷たい眼にさらされて孤独に陥りやすい。その際に、自分の心のあり方に心気転換の知恵を持たないときは、とめどなくどこまでも破滅の道をころがり落ちていくようになりかねないのだ。

何年も前になるが、アメリカの雑誌で見た一枚のポンチ絵（風刺画）に、非常に印象的なものがあった。年輩のひとりの紳士が窓際の机に座っていて、開け放たれた窓から入りこんだハトに豆をやっているところが描かれていた。そして、絵には「社長というものは孤独なものだ」とひと言だけ書かれてあった。社長の淋しい気持ちを象徴的にとらえて、うまく表現している絵であった。

人間はみな孤独で淋しい存在である。生まれたときもひとりであるし、死ぬときもひとりだ。孤独は人間の原点であるのかもしれない。それだけに、孤独というものに対するつきあい方次第で、人間が大きくなっていけるかどうかが決まるようだ。企業の社長ともなると大勢の部下や協力者が背後に控えている。意思決定ひとつするにも自分ひとりだけの問題ではなくなる。そのために社長の責任の重量感はことさらだろう。だからといって、その負担を軽くするために、家族や親しい仲間に相談を持ちかけたとしても、すべては社長自身の問題であるだけにどうにもならない。

これは他人事ではなく、ビジネスマン一人ひとりが自分会社の社長であるという認識に立てば、他のだれかに相談したからといっても、孤独感を癒せるものではないことに気づくはずである。つねに自分で課題を出して、みずから解決していかざるを得ないわけである。そういう状態のなかで自分を生かしていくためには、淋しさに耐え抜く強靭な精神力と、孤独でもやり抜いていく強い信念が必要である。

●Ｓ氏とＭ氏が直面した病気・倒産の事例

たとえば、一流機械メーカーのＳ専務の場合はこうである。Ｓ氏は病弱だったことから、同期生より四年ものハンディがあった。そのため地方支店勤めが長くなり、本社に戻ったのは地方勤務を数多く体験してからだった。毎日が寂しさ、焦り、疎外感、不安に対する自分との闘いであって、それを払いのけるために、ひたすら仕事に打ちこんでいったらしい。結果として、その極限を乗り越えるために「〝自己の良心に従ってわが道を行く〟を心の支えにしてきたのがよかった」と、Ｓ専務は語っていた。

病気などで三年四年遅れたところで、そのブランクは、人生をトータルでみればなんでもないことであるし、なによりよかったのは〝人生の収支決算書〟をつくるのは早すぎると自覚できたことである。

リストラという難問に直面しても、決して自分の人生をあきらめるなということであるのだろう。

もうひとつの事例は、会社を倒産させた経営者のＭ氏のことである。四〇代半ばにして事業経営に失敗したことから、これから進むべき道を模索して筆者を訪ねてきた。当然ながら莫大な負債を背負いこんでいるので、生活はかなり厳しい状態である。問題は、この孤立無援の逆境の時期を、どのようにして生き抜いていくかということである。

こちらが予期したとおりＭ氏は、どこでもよいが就職口を探してほしいということだ。この時点で、もう負け犬の発想をし出していることにＭ氏は気づいていない。

●逆境克服には、恥かき、礼かき、義理かきの覚悟が必要だ

これからなにをしていこうかと確たるビジョンなくしては、会社勤めのサラリーマンは結局サラリーマンの心情のままに終わってしまう。どこへ行っても不満と孤独と挫折感はついてまわって絶えないものである。ますます惨めな状態にみずからを追いこむような、そんな悪循環を招いていく。そして、心身ともに疲れ切ってしまい、再起するエネルギーもいつしか消え失せるときがくる。

したがって、この悪循環を断ち切るには、五年後、一〇年後にはこんなザマでありたいとする前向きのビジョンを設定し、それに向かっての自分との闘いを始めなくてはならないのだ。こんなことをしたら世間から笑われてしまうといったような、虚栄心、自尊心みたいな雑念から開放されなければいけない。

なんとしても生き抜いてみせるという、悲壮な決意を支えていくのに必要な気持ちだけあればよいのである。そこまでおのれの気持ちを絞りこむ生活技術として、筆者は〝三カキ〟で生きることを勧奨している。恥を掻き、礼を欠き、そして義理を欠きながら、当面の苦境を切り抜けていくことである。「は・れ・ぎ」を脱いでふだん着の生き方に徹することだといえば、理解しやすいかもしれない。

この生き方を実践するには、かなり徹底したひらき直りの精神を持つことが肝心である。しばらくの

間、経営者としてのおのれの失敗のツケを、みそぎで祓い清める感じである。しかも、三カキの技術は、単に失敗者ばかりでなく、自分を見事に変身させていきたい意欲のある人にとっても、たいへんに役立つものであるのだ。

実際、恥とか見栄とか外聞など失ったところで、どうということはないが、そんなものにとらわれて孤独感にさいなみ、肝心の人間性まで腐らせないように、あなたなりのひらき直り心気転換術をぜひ工夫しておくことをお勧めする。ノルウェーの劇作家イプセンのことばに「この世で最も強い人間は、いつもひとりで立っている人だ」というのがあるが、いかにも至言である。

これまでのいろいろなしがらみと他力本願になりがちな心の甘えを捨てて、イプセンのことばどおりの気概なくしては、到底シンのある強い人間になり得ないのだ。孤独に耐える強さとは、だれに対しても自分の特殊事情を訴えたり聞いてもらったりすることをせずに、自分の信条に基づいて生きていくことを意味するのである。

前述のＳ専務が逆境のなかにあっても精神的に自立できたのは、他人にいわれたとおりにするのではなく、自分の気持ちに忠実に行動したからであろう。

④ 配置転換をチャンスと捉える

●悩みのひとつ、人事異動ショックへの対応

リストラに伴う異動ショックに、あなたならどう対処していくのだろうか。ここでは、転職はしないまでも転勤や出向などで環境に変化を来したとき、過剰反応を示さないための心構えについて述べることにしよう。

人事異動は、サラリーマン生活にとって大事な「まつり」のひとつ、通過儀礼のひとつではあるまいか。このまつりを素直に楽しむことができるかどうかで、ビジネス人生の中身が大きく違ってくるのだ。その期に及んで歯切れの悪いふるまいをする人が少なくないのは、どういうことだろうか。

自分が期待しているポストが得られないということでぐずぐずいうのが多いようだが、甘えの構造もよいところである。そもそもが期待するから裏切られるのであって、ハナから期待していなければ、あるがままに現実を受け入れていく姿勢ができているはずだ。人事は所詮ヒトゴト（他人事）であって、人事権を持つ上司が、さながら将棋の駒を動かすごとく、部下をしかるべきポストに布石する適材適所ゲームにすぎない。それも、異動事由はさまざまあるだろうが、上司にとって都合のよいポストに配転するところに、人事異動のホンネの部分がある。

そういうことであれば、人事異動は定期的にめぐりくる職場のまつりと受け止めて、むしろこのまつりを楽しむように自分の気持ちを楽観的に仕向けてみるほうが、すべてにうまくいくように思える。もしもあなたが、異動の辞令をかなりひねくれた感情を持って受け取ったとしたら、その瞬間からあなたの人生が逆まわりしていくことだろう。新しいポストや勤務地が気に入らないポーズをとろうものなら、その態度だけでも減点となることは必至である。

●人事異動を「まつり」と考えると……

低成長下にあって厳しい企業環境におかれているために、企業の人事システムもきわめて巧妙に仕組まれており、厳格な選択基準のもとに要員計画を実施しているだけに、つまらぬ減点要因をつくらぬにこしたことはない。納得できない、オモシロクナイ……といったような、自分の都合による短絡的判断でちょっとスイッチボタンを押し間違えてしまうと要注意人物と登録されて、あとあとの人事にまで影響を及ぼすことになる。

たしかに、栄転ならともかく、横すべりあるいは左遷とわかるような異動が発令されたりすると、だれもがショックを受ける。このショックにどう対処していくかが、将来の大事な分岐点になっていくのだ。つまり、ショック中和剤を、あなたなりにうまく工夫して調合していれば、ピンチを切り抜けていけるだろう。

中和剤としての効果をあげるためには、人事異動を職場の「まつり」とみなして楽しんでいくのでもよい。まつりというものは、本来楽しい行事であり、自然の運行に節目をつけていくことも多い。その意味では、ビジネス人生の節目となるのが人事異動であり、しかもそれは、自立心を培うカンフル剤ともなり、人生に退屈しないための大きなまつりともみられよう。

異動ひとつなく、代わりばえしない仕事を同一の職場で、何十年もやり続けていくあなたを想像してみたらどうだろう。おそらく耐えきれないだろうし、純粋培養されてきたことで新しい環境に対する抵抗力もきわめて弱い。であれば、自立心を強化させていくには、この「まつり」に対してあなたがどう仕掛けていくかが、重要な課題となっていくことはたしかだ。

●異動を糧に自分を伸ばせ

職場のルールからいって、ひとたび発令された異動が撤回されることはないのだから、背後の事情にこだわらずに、まずは素直に受け入れてみる。そして、この異動を新たな糧にして、自分をどう伸ばしていくかを工夫することである。

竹と同じように、人間も節目の数が多いほど伸びていく。そこで仕掛けの方法だが、人事異動をネア力に捉えて、〝明らかに左遷でないかぎり栄転である〟とみなすのだ。なにかのチョンボをやらかしてそのペナルティとしての降格や左遷であっても、心掛け次第で次なる飛躍が期待できる、そんな可能性ある人事異動であるはずだ。

別な見方をすれば、人生のさまざまな局面での出会いの縁が、あなたの自立についてなにかのプラスをもたらすことになるかもしれない。したがって、引き継ぎ事務は笑顔できちんと済ませて、元の職場に好印象を残していくように努め、新たな気分で新しいまつりに取り組んでいくことである。どんな場合においても、立つ鳥は跡を濁さず方式で新任地に赴くことである。

こうして、あなたが通り抜けていく道すじには、一つひとつ丁寧に道しるべを打ちこんでいく心掛けがほしい。その際の好印象が、前の職場の同僚たちの口を通して、回りまわって伝えられていくので、自立を育むより環境づくりにつながるのである。

●新しい職場での上手な身の処し方

ここで留意すべきことは、新しい職場での人間関係を、あなたの眼で観察し分析してみて、ある程度のコミュニケーションができるような段階になるまでは、楽しい仕掛け—自分流のやり方を控えておくほうが無難だということである。数カ月の観察期間をおいてから、徐々にあなたの持ち味を発揮するぐらいで丁度いい。お互いになにを考えているのかわからない暗中模索の時期には、焦ってなにをやっても素直に受け止められないで、まわりから対人アレルギーを起こされるか、疑念を与えて近づけようとしないことが多いからである。

このように、「急いてはことを仕損ずる」という心構えは、抜擢、左遷のどちらのケースにも共通していえることで、まずはじっくりと新しい職場環境に溶けこんでいくことである。こうした体験学習が、将来自立へ向けてのビジネス処世術に役立つ糧となるのだ。

この処世術のなかでとりわけ自立に必要なウルトラパワーとなるのが、〝我慢強い〟ということである。だいたい不遇を乗り越えて冬の時代から返り咲いてくる人は、そのときまでの精神のバランスが、ちゃんととれていたのだと思う。たしかに、ただひたすらに我慢していただけでは、返り咲くチャンスが目前にめぐりきたとしても、それをキャッチする運動をしているわけでもなく、だいいち気力も失せていよう。

●〝前向きの我慢〟を知ると人間が大きくなる

やはり、なにかを我慢するからには、それをすること自体が活力エネルギーと化すように、うまくバランスをとっていくのが、成功するビジネスマンの生活技術であるようだ。それは、逆境にじっと耐えるのではなく、みずからへの挑戦と思ってぶつかっていった〝前向きの我慢〟といえるものである。日ごろの生活行動からみて、得てしてやる気のある人は短気者が多い。そして短気な人は、ひんぱんにかんしゃくを起こしては後悔しているものである。そんな人にとって、我慢強さを身につけることができれば、それこそウルトラパワーを体得したような喜びを味わえよう。

事実、日常の仕事を通して、ここは短気を起こさずに我慢をしておいてよかった、と思うケースがわれわれでもよくある。単純に我慢するのではなく、怒りたいのを我慢するのだから、まさに自分との闘いを演じていくわけだ。しかも、自分のために耐えるのだから、なんとかして勝つために積極的な手を打ち続けていくわけである。そうやって時機の到来を待つことにする。ここに、〝前向きの我慢〟の真骨頂があるように思える。やれるだけの準備をしたあとはもう、天命がどう定まるかを待つ我慢強さがそこに出てくるからである。

したがって、この段階まで準備が進められると、短気を起こす気はさらさらなく、むしろ運命を甘受する気持ちになっているので、どのような結果に終わろうとも、そこに怨念は少しも残ることはない。さらによいことは、このように達観した姿勢で耐えていると、期せずしてまわりからの同情が集まり、おのずと道が開けることもあるのだ。

このようにみてくると、我慢強さというのは、人を巻きこんでいく魅力的な才能のひとつとみてもよいといえる。

⑤ ヤモリスタイルのサラリーマン根性を捨てる

●大企業病に冒されやすい安定企業の社員

毎年のように実施されているアンケート結果からみてもわかることだが、就職する動機についてほとんどが「生活の安定」に魅力を感じている。たしかに、名の知れた企業の社員であることは、社会的地位や名誉といった身分保障が得られ、厚生面を含めて実質賃金がかなり高い。したがって、そんな企業の社員になることそのものが目的であった人にとっては、目的達成の暁にはその満足感をたっぷり味わい、それ以降というものはこの充足された状態を失うことのないように、極力努めていくことになる。

そのために、発想といい行動といいすべての面で〝会社からの指示待ち〟に徹して、みずから行動を起こして責任をとらされることのないような動き方をしていく。すなわち、自分がよく知る小さな世界で分を守って仕事をしているかぎりは、周囲にアレルギーを引き起こすこともなく、たいへん居心地のよい職場環境であるわけだ。

そこで、同僚仲間と仲良くうまくやっていくことに、生活行動の重点がおかれるようになるので、おのずと「協調」という大義名分のもとに、自我を殺していく生活スタイルに馴らされてしまう。おのれの守備範囲を超えた形で、枠組み思考からはみ出すようなことはいっさいやらないのである。いわゆる大企業病が心のなかに深く浸透していくのだ。

このような社員がふえていけば、組織の沈滞化は目にみえてくる。現状を変えたくない保守的な社員が、企業発展の阻害要因となっていくのである。

自己矛盾することだが、企業が成長して大きくなれば、それだけ社員の生活に安定感をもたらすが、この安定ムードが守りの姿勢につながって、今日のような厳しい環境変化への適応を遅くしてしまう。したがって、このジレンマに気づいている企業が、遅まきながらもさまざまな仕掛けを用意して、社員の覚醒を促しているのが現状であろう。

●〝ぬるま湯〟と感じない抗体づくり

だが、いったん身にしみついたアカというのは、企業の懸命な努力をもってしても簡単には洗いおとせるものではないのだ。やはり、本人自身が、ぬるま湯のごとく居心地のよい安住の地から脱け出していっても、カゼをひかずに十分生き残れるだけの抗体をつくっておく必要性を自覚しないかぎり、意識改革はとてもムリというものである。その抗体づくりは、どんな小さな行為でもよいから、自分の意思によっていますぐ始めてみることであるだろう。

そこで、意識変革のためのとっかかりとしては、まず、多様化しているいまの時代ならあなたにもチャンスはめぐりくると信じて、つねに希望を失わないことであり、そういう心構えに立って与えられた役柄をどう演ずるかを工夫していきながら、心のなかではいつも主役であるという自覚があることである。組織に埋没してしまいかねない職場環境にあって、主体性のある生き方を貫いていくように心掛けてみるのだ。そこで参考になるのが、当代の人気スターであった最近亡くなられた渥美清や、活躍中の西田敏行の興味深い人生展開である。

●ワキ役なのに主役を食う俳優渥美清・西田敏行に学べ！

渥美、西田ともに最近でこそ映画、テレビ、舞台などで主役を務めているが、元来名ワキ役として長い間主役を食って生き抜いてきた。ドラマのうえではれっきとした役者が主役を演じているのに、その主役を凌駕するほどに演技が達者なワキ役であったことは知る人も多い。時代がこうも変わっていかなければ、ワキ役から主役に転ずるとは本人たちには思いもよらなかったに違いない。

それが今日みられるような大人気を博して、多くの人々の心を捉えて離さぬようになったのは、ワキ役としての自分の役割を真剣に果たしてきたからであろう。そこに関係者が目をつけ、彼らを主役へ押し上げていくことになった。

つまり、ワキ役として与えられた役柄になりきって、あたかも自分が登場人物そのものであるかのように演技する彼らをみて観客が納得するのを、演出関係者は感じとっていたからであろう。そこへ時代性がうまくマッチしたことが、主役の座を射止める結果になったと思うのだ。

渥美、西田両名優の行動から学ぶことは、どんな役柄を演じていくにしても、その役柄について「主役」としてモノにしている姿勢である。

役者であるからには、陰で糸をあやつる演出者が存在するのは当然であるが、観客にはそれを感じさせないくらいに、自由自在に演技をしてみせてくれる。与えられた役柄がサマになっていくためには、自分で糸を引いてその役柄をあやつることが必要だ。思うままに自由にあやつることができなければ、それこそ動く人形と変わりない。

あなたの場合にも演出者が存在するかもしれない。ビジネスマンなら企業組織そのものが演出者であるだろう。だが、どんな演出者が存在するとしても、演じる主役はあなた自身なのだ、ということを忘れてはならない。人にあやつられたままに動く〝あやつり人形〟になってしまったら、あなたの人生そのものが他人事人生になりかねないだろう。あやつられるよりあやつる人間になる、この意識がＥＱ型人間には強烈である場合が多いのだ。

●ビジネスマンとして主体性のある行動をとる

ビジネスマンは、組織に従属するため上司の命ずるままに行動せざるを得ない。それがあなたの役柄であるなら、その型にはまって演技をしていくことは、ビジネスプロとして当然の行為である。だが問題は、あなたの心のあり方である。

あなた自身の心の状態までも組織に支配されているようでは、結局は雇われ人としてのサラリーマン根性から抜けきれないことになる。指示を与えてくれる演出者なしでは、生きてはいけないザマになってしまう。たとえば、あなたの能力を全開しなくても、組織には前例があり、ルールがあり、先輩の〝型〟があるのだから、与えられた役柄を指示されたとおりに演じることができる仕組みになっている。

そのままあなたまかせの人生を展開していけば、きわめてラクであることはたしかである。が、企業というコントロールタワーから離れることになったら、あなたはどういうことになるのだろうか。おそらくそのときは、あなたまかせできたツケを払わされる感じで、あなたがみずからコントロールしていく支配力さえもなくなっていることだろう。それでは、他人から命ぜられるままに生活している犠牲者みたいなものだ。自分の人生を自分で支配できなくなるようでは、どうみても世渡りがうまいといえそうにない。

あなたがどんな立場にいようと、人生の主役はつねにあなた自身であることを肝に銘じて、自分の意思で自由に選択できる部分をできるだけ支配しておくことである。その代わりに、あなたの自由にならない部分、すなわち他人の思惑とか評判といったものは気にしないでおく。

こうして、人生舞台で主役を演ずるあなたの情緒を安定させていって、落ち着いて能力全開をはかるのだ。そこではじめて、あなたらしい主体性あるビジネス人生が展開し始めるのである。

3章　ＥＱ型人間の柔軟なビジネス術

①　自己防衛型の生き方は通用しない

●大手デパートのE人事部長の嘆き

ある大手デパートの人事部長E氏が筆者を訪ねてきたときに、「社員の働きぶりをみていると、いいつけられたことは真面目にそつなくこなしていくし、なかなか協調精神に富んでいるのだが、なにかひとつ物足りない思いをすることが多い。たとえば、お客さんからなにかのクレームを受けたときなど、上司が相手に対して陳謝これ努めているにもかかわらず、本人はわきでボーッと突っ立ち、オレには関係ないというようなポーズをとって傍観しているんだ。責任感がないというか、自分で処理すべきところまで他人におっかぶせていく態度が歯がゆいよ」という感想を述べていた。

自分の力の及ばざるところを上司にカバーしてもらうなら話がわかるが、初めからオンブにダッコの姿勢があるようでは、人間としての「ずるさ」と逃げを打つ「消極性」だけが身についていって、ビジネスマンとして先行きの道はたいへん厳しいことになる。

この場合のように、客のクレームに接したら、まず自分なりに陳謝して、相手を納得させるように努めなければならない。会社によっては、そんなときにどう対応するかマニュアルを用意させているかもしれないが、人間を相手にするときは、マニュアルで教えていることばを超えたところのあなた自身の誠意が必要なのである。

そうなると、あなたの持つ常識と個性とが総合され、自立した個人の力が当面の問題解決に役立つことになる。その個人の力をフルに発揮して、客のクレームに対処することで相手を納得させるのが、まずあなたのとるべき行動なのだ。そんなことは職務権限を逸脱しているとかいうことではなく、まったくあなたの守備範囲の問題であるのだから、あなた自身で自主的に解決していくべきことである。あなたが誠意ある行動を示してもなおかつ相手が納得しないときにはじめて、上司に相談してバトンタッチするのだ。

●マニュアル人間は、もう企業では求めていない

Ｅ氏が歯がゆく思うのは、まさにこのようなあなたまかせのビジネス感覚である。クレーム処理ひとつ取り上げてもわかることだが、その対応のしかたがクレームを機械的にそのまま上司にスイッチするのと、まずは自分の問題として受け止めて解決に努める姿勢があるのとでは、ビジネスに立ち向かう心構えに、大きな格差を生ずるものである。

つまり、会社のルールで定められた線の内側ばかりにいる人と、時と場合によっては、その線より一歩踏み出して個人の力を発揮していく人とを比較してみると、企業が今後に期待するビジネスマン像は、明らかに後者にある。安全圏に引っこんで個性的な行動を抑えている人より、多少の失敗、あるいは行き過ぎたところがあっても、大胆に個性を打ち出して積極的に活動する、そんなＥＱ型人間が望まれているのである。

かつては企業もその体制の強化、組織の維持に重点をおくことから、失敗がなくて使いやすい人間を求めていた。一方、ビジネスマンは、より大きな組織に属することによって、自分の個性を無視される不満さえ我慢すれば、安楽に過ごすことができた。だが今日では、その安楽を保証する終身雇用すらあてにできない世のなかになってきて、企業のあり方に大きな変化が生じている。

●会社の人物評価の仕方も変わった

企業を発展させていくには、なによりもまず社員の活性化が必要であると認識して、意欲的な経営者は、従来の人物評価法に大幅な修正を加え始めた。ところが、そんなトップの変化についていくには、あまりにも対応が鈍いビジネスマンが多すぎる感じである。トップの期待するビジネスマン像をはっきりと把握できれば、どういう形に自分を変えていくべきかわかるはずである。

これまでは組織内の調和にウエイトがおかれるため、人間そのものは個性のない均質の規格品とならざるを得なかった。そのため、ちょっとでも欠陥があったり、周囲との調和を乱すような点があれば、はじき出されてしまう。ズバリいって減点法の人物評価が主流であり、そこでは、個性的であること自体マイナス要因となっていくのである。したがって、ビジネスマンの多くは、自己防衛のためにも組織のなかに個性を埋没させてきた。

だが、これからの時代では、そんな生き方は通用しないのだ。マイナス点をとらないように消極的な生き方をするよりも、むしろ、あくせくしないでヤル気を示しながらダイナミックな行動様式を展開させていくことである。自立へ向けての行動様式を認容してくれる受け皿が、企業ばかりでなく社会全体のなかにつくられ始めているからである。それは、人物評価の視点が、人間の〝ヤル気〟にウエイトをおくようになってきたことで、ポイントゲッターが注目され始めていることからも推察できることだ。

ビジネスでも人間関係でも、個人の力を駆使してポイントを獲得していくビジネスマンであるのが、ほとんどの企業が求める「期待される社員像」である。かつての減点主義が、どれだけポイントの数をふやしているかという、得点力に目を注ぐようにサマ変わりしていることを知るべきである。

●期待されるポイントゲッターとは

それでは、期待されるポイントゲッターとはどのような人間像であるのだろう。まず第一にいえることは、自分の持ち味をフルに活用できる人である。

テニスの名手が徹底的に持てる特技を活用して得点を重ねていくように、あなたの持ち味を出し惜しみしないで使いまくっていくことだ。それでポイントをふやしていけば、あなたに多少の欠点があったとしても、相殺してみてポイントが多いとみるかぎり、企業は目をつぶってくれるように変わりつつある。それだけあなたのヤル気とポイントゲッターとしての能力を、積極的に評価しようとしているのである。

いまや、一歩踏み出していくのにためらうことはない。なにかに弱くともなにかに強ければ、それがトレードマークになって、あなたの自立に有利なポイントを与えることはたしかであろう。また、個性が強すぎると周囲とうまく協調できないのではないか、と懸念する向きもあるだろうが、そんな取り越し苦労は無用である。あなたがポイントをふやすにつれて、相手のほうから協調してくるものであるし、行きすぎたふるまいでもあれば、上司がコントロールしてくれるものなのだ。要は、つまらぬ遠慮をしないで、伸び伸びと個性を発揮していきながら、自分を精一杯売り出すことである。その際には、E氏のことばにあったように、責任感を持つという姿勢のあることが肝心である。

いくら個性を売り物にハッスルしても、物事をやりっぱなし、いいっぱなしであっては、せっかくのポイントも大暴落となってしまうことだろう。一歩踏み出してなにかをやろうとするからには、それなりの覚悟と、あとのけじめをつけていく責任感とが必要であることは申すまでもない。

② ＥＱ型人間は自分流モノサシとプラスワン発想がある

●自分流の個性化作戦の情報収集を展開

生活環境や社会のシステムが大きく変わりゆく今日、あなた自身の意識も変わっていかないと、現状から脱皮することはむずかしいだろう。まずもって自分流のモノサシを持つように心掛けてみて、心のゆとりをたしかなものにすることが大切だ。それには、世間並み、人まねといった流行や他人の思惑にとらわれていくのではなく、あなたらしい個性を発揮する個性化作戦の展開をめざしてみる。おそらく、あなたなりの心のゆとりに一歩接近していくことになるだろう。

そこで問題は、なにかの行動を起こすにあたって、なによりもまず自分がなにをしたいのかが、明確にわかっていなくてはならないことだ。多くの場合、そのへんがあいまいにされているから目的を果たせないし、大勢に迎合してしまうのである。たとえば、情報収集ひとつ取り上げても、あなたに適した情報収集の技術をみずから開発していくのが、いちばん足が地についたやり方であって、長続きしていくことである。他人がやっていてどれほどよい方法にみえても、それはあなたにとってよい方法であるとは限らない。

事実、せっかくその気になって実践してみても、いつのまにかルーズになっていって中断してしまうことはよくある。やはり、自分の性格とにらみ合わせて、ムリなく情報収集できるような方法をみつけることである。

ここで留意してほしいのは、一般教養的な情報収集のやり方は、単に安心感だけを買っている自己満足に陥りやすいことである。なにかのことでいつの日か役に立つだろうと思って、あちこちから収集し整理しておいた情報は、しばらく手元にあたためられているうちに、古くなってカビが生えているかもしれない。それにまた、これといった目的意識もなく集めているせいもあって、そんな情報は、肝心なときのパンチ力を欠くことになりかねない。

●生きた情報の選別法

生きた情報というのは、まわりから与えられるものではなくて、みずからつくり出した目的に沿って資料やデータにアタックしていき、それらを自分流に料理加工して得られるものなのだ。そういうわけで、あなたの情報収集に対する生活行動様式（モノサシ）が問題になってくるのである。

実際、日常の出来事、目に触れる活字や映像による情報、あるいは耳にする会話などのいろいろな情報ネタから、なにかのヒントをつかむことができるかどうかは、あなた自身の目的意識の有無によって決まる。情報がヒントとして生きた価値を持つようになるのは、あなたの目的意識が明確であることが大前提であるのだ。そこではじめて、情報をみる眼が養われていくことになる。

こうした情報収集の努力によって、ある程度のネタが手元に集められたら、次の段階では、そのネタを評価するため、あなた自身のモノサシで測っていく手続きが必要である。まず大まかにかつ直観的に評価してフルイにかけていく。この場合、あなたが個人レベルのなにかの企画を立てていくようなことであれば、

① この情報ネタを用いて企画したら、本当に楽しめそうか（企画感性）
② 自分だけしか楽しめないものなのか、他のだれかを巻きこむことができるのか（マーケット）
③ その企画を実現できるだけの自信があると思えるか（自己能力）
④ いかにも自分らしい企画といえるようなものか（オリジナリティ）

と、こんな具合に判断基準を持って、情報を選別するのもひとつのやり方である。

●できる人とできない人では判断後の結果の捉え方がちがう

ところが、一応の判断基準があるからといっても、機械がそれをするのとは異なり、人間サマの行動には必ず迷いがついてまわるものである。自分流のモノサシをあてはめてみたのはいいが、その選択に誤りはなかったであろうか、このままにしておいて後で後悔することになりはしないだろうか……という疑念が湧いてきたりして、決断が優柔不断になってしまうことがよくある。

一般的にいって伸び悩むビジネスマンに共通する点は、後でまずいことがあったり失敗するのが嫌でためらい迷うことであるが、結局はやめておけばよかったと後悔している。ところが、なにをするにつけ成功していく人物は、かなりひらき直った感じで転機をつかみ、積極的に行動していく場合が多い。どんなことでもやらないで後悔するより、やってみたほうがよほどいいと考えて、そのとおり実践していく。それも、自分のとるべき選択があるとすれば、そのチャンスは現在ただいましかないと考え、総力を出しきって、その瞬間瞬間にちゃんと自分なりの選択を行って成功している。自分の直感を信頼して、まずは当面の問題に取り組んでいく。それでうまくいかなかったとしたら、その現実は、うまくいくためのテストまたは準備（明日の糧）なんだと、前向きに受け止めることができるようであれば、その冒険精神があることによって、最終的には必ず望んだ状態を手にすることが可能なのである。

●ふやすことより、減らすことの大切な時代

ここで、自分の直感による選択がより確度の高いものとするために、発想方法にひと工夫あるとよいように思う。近ごろの世相をみていると、引き算をしてプラスを生み出すことができたらどれほど身のためになることか、そう思いたくなるくらいに余計なものが多すぎる世のなかである。

氾濫する情報、しがらみの多い人間関係、豊かすぎる栄養など、すべてに引き算をしていかないと身が持たない感じである。本当に必要な部分だけ充足されれば、心身ともにバランスがとれるし判断基準もしっかりしたものになるはずだ。だが、多くのビジネスマンをみていて、なにかをふやすことに関心を寄せる熱中時代であるように思われる。

カネやモノ、知識・情報そして人脈をふやすことにたいへん熱心であるからだ。そのこと自体は新たな付加価値あるものを創り出すうえでの基本に忠実で結構なのだが、あなたがビジネスマンとしてある程度のキャリアを積んできたら、やみくもにふやす足し算発想ばかりが能じゃないことを知るべきだ。豊かな時代を象徴するようにすべてが過剰気味の状態にあっては、無定見にふやし続けていくことは、いずれわが身がふりまわされて身動きできなくなり、自立した発想と行動はむずかしいことになるだろう。

そんな自殺行為から身を守るためには、とりわけ多すぎる情報について、あなたなりの選択ならびに

管理のしかたを、できるだけ早く確立しておく必要がある。具体的には、日ごろあなたの目に触れる膨大な情報のなかから、不要なものを思いきって減らしていき、本当に必要な部分を大切に生かすという発想を実践に移してみるとよい。

●引き算発想で本当に必要なものを得る

たしかに、ふつうはなにかを足して付加価値を高めていくのが日常的な発想であり、やり方である。ところが、余分なものをマイナスすれば本来の価値が高くなる、という逆転の発想もできるわけだ。たとえば、情報というものの価値について考えてみた場合、知らなくてよい情報はあえて知る必要もない、という発想も可能であろう。事実、世間的な常識程度の情報は、あえて求めずともＴＶニュースのタイトルや車中の隣人が読む新聞の見出し、中吊り広告……など目で追うだけでも結構いろいろなことがわかる。

また、その多くは、知っていてもどうということはない情報だけに、なにかのついでに仕入れていくぐらいの気楽な対応で十分ではあるまいか。むしろ、自分の本業あるいはその周辺分野についての情報か、仕事と離れたところでの自分の関心事に求める情報かに焦点を絞ってエネルギーを傾注していくべきだと思う。

つまり、どこかで情報の歯止めがかけられるシステムを、あなたなりに工夫してつくり上げることである。そして、百科事典的な一般教養をふやすよりも、あなたの持つ情報価値が高度で健全なものとなるように意図的に引き算発想を心掛けて、自立につながるプラスワンを生み出していくのも時には必要なことであるだろう。

③　ＥＱ型人間は仕掛け心でビジネス能力を倍増させている

●成功者には消極人間はいない

上司から指示されないと仕事をスタートしない、だれかに誘われないと参加しない、なにかやろうと声をかけられないとその気にならない――こういうあなたまかせの人がいる。もしあなたがそういうタイプだったら、人生観なり仕事観をガラリと変えないとＥＱ型人間にはなれないだろう。

大過なくビジネス生活を送れればいいという考え方ならともかく、もっと仕事上手になりたい、思いどおりに生きてみたいと思うなら、仕事にしろ遊びにせよ、すべて自分から仕掛ける積極さが必要である。

事実、名将、名君、戦国武将、一代で財をなしたキレモノ、やり手、実業家、もっと身近な例でいえば、あなたの会社の実力者を思い浮かべてみても、だれかがおぜん立てしないかぎりミコシをあげないという消極的人間は、成功者にはいないはずだ。発想、行動のすべてにわたってつねに先手を打ち、こちらから仕掛けるという生き方をしている。だからこそ成功したのであろう。仕掛ける心は、それほど大切な心のあり方なのだ。

仕掛ける心のない人は、自分だけの小さな世界に安住できて十分満足している人であるがゆえに、さらに自分を充実させて自立していこうと、なにかを仕掛ける必要がないのであろう。つねに仕掛ける心を持っている人は、他からの仕掛けに応ずる心をも併せ持っている。そのために、人生が二倍にも三倍にもなっていくものである。

自分が仕掛けることでひとつの世界ができ上がり、そこでの触れ合いがきっかけでだれかが仕掛けてきたときは二つ返事で応じていく。つまり、だれかを取り巻くもうひとつの世界に首を突っこむことになり、自分以外の新たな世界を知るわけだ。

こんな具合に仕掛けの輪が次々と広がりをみせて、お互いにそれぞれの世界をオーバーラップさせていけば、世界は限りなく拡大していく。当然ながら人々との出会いも多くなり、自分にとって頼りがいのある友人知己を得ると同時に、ビジネスチャンスもふえていくことだろう。ＥＱ型人間は、こういう機会をみずから生み出していくのがきわめてうまい。仕掛けの本来の意義をよく理解し、よく実践しているからに他ならない。

●仕掛け上手は企画上手だ

そもそも仕掛けというのは、けんかを仕掛けるというように、ダイナミックな動きが伴ってくる。こちらから積極的になにかをするということなのだ。率直にいって、日常の生活行動のなかで、楽しくかつ面白いプランひとつ仕掛けられないような感性の持ち主が、仕事のうえで立派な企画をサマにしていけるとは思えない。

自分自身の人生設計といった大袈裟なことではないにしても、家族や友人との食事プラン、旅をする計画など、お仕着せプランではない形で、日ごろから楽しいものにしていくように仕掛けているだろうか。この程度の日常的なささやかな仕掛けすら満足にやれないでいて、仕事でも遊びでも大きな企画をいくらまとめ上げようとしても、成功させるのはどだいムリな話である。

企画に取り組んでいく姿勢の原点は、その対象がなんであろうと基本的に変わりはないのである。それは、人を喜ばせようとする親切心であり、時にはお節介と思われるほどの心くばりのあることである。このくらいの感性は、よほどのひねくれ者でないかぎり、多かれ少なかれだれもが持ち合わせているはずである。

ただ、その親切心を仕掛け心（企画力）と結びつけていくことに気づかないで、多くの場合、心のなかに眠らせたまま潜在させてしまっている。まことにもったいないと思う。そういう人間的な感性を、もっともっと引き出して大いに活用すべきである。

その際、「仕掛け」とか「企画」なんて大ぎょうなことを意識しなくても、どのようにしたら家族を、あるいは友人仲間を喜ばせることができるか、一生懸命考えてなにか工夫してみることが、日常的に仕掛け心を磨くなり、よりよい感性トレーニングになるのだ。そうやって、こちらの期待どおりに喜んでくれたという小さな成功の実績が、自分の仕掛けに自信をつけることになる。実際、いくつもの成功例を積み上げていくことで、いつの間にかビジネスや人間関係をうまく取り運んでいく仕掛けノウハウが、しっかりと身についてしまうものである。

●根回しはビジネス成功への仕掛けだ

そこで、仕掛け感性がビジネス能力を強化する一例として、根回しという仕掛けをあげてみよう。職場において社内人脈がふえれば、あなたのビジネス人生は明らかにこれまでとは違った展開になっていくはずだ。あなたを理解し協力してくれる味方が、たとえひとりでも社内にいるという存在感が、たいへんに仕事をやりやすくしてくれるものである。さまざまな形で、よい循環が始まることだろう。

あなたがなにかの企画をまとめ上げたとしたら、それがきちんと実行されるように関係者への根回しをしていくのが、仕事上手のやり方である。せっかく苦労してつくった企画が、関係者の説得に失敗したばかりに流産したとなったら、だれだってがっくりすることだろう。そんな状態にならないように、あらかじめ事前工作を仕掛けていくのが根回しであるのだ。

その狙いは、ちょうど庭の樹を移植する際に、庭師が根っこのまわりを包みこむような感じで、全員一致の決定がくだされる状況に持ちこんでいくことである。

その場合、関係者の協力を得るために、かなりの時間とエネルギーを消耗することは覚悟しなければならないだろう。この手間ひまをケチってしまうと、子供を産みっぱなしで育てることを知らないダメ母親と同じことで、先行き大きなツケを払わされるようになる。つまり、こちらから求めて仕掛けていかないかぎり、人は協力してくれないのがふつうなのだから、よい実りを期しての根回しが必要である。

具体的にいえば、職場である程度キャリアを積んでくると、あなたでも自分の手掛けた企画が、どういうルートを通って日の目をみるようになるかがわかってくるはずだ。そこで、ルートの要所要所にいる関係者に早目に耳打ちして、「こんな企画が回付されてきたら何分よろしく。不明な点があったらすぐに飛んでくるから、声をかけてください」といった趣旨の〝あいさつ〟をやっておくのである。こういった事前連絡の有無が、企画をサマにしていくプロセスに、微妙な影響を与えていくものである。

●社内人脈のつくり方

仕掛け上手な人は、日ごろこういうときにこそ、仕事がスムーズに進められるように、社内人脈づくりに精を出していることが多い、そのやり方だが、この機会に味方をふやす心づもりで、企画の推進につながる関係者にまずアプローチをかけていく。当面の窓口担当者のところに出向いて、企画の提案理由や趣旨を簡潔に説明しながら、チェックを受ける際の〝お知恵拝借〟をやってみる。相手にすれば、自分の守備範囲のことをしゃべる気楽さもあって、応対のしかたは親切であることが多い。

こんな具合に、関係部署すべてに〝お知恵拝借〟してまわるなど、臆劫がらずにこちらから出向いていく意欲的な行動が大切なのである。なぜなら、これまでは同僚として顔を見知る程度のあなたが、企画をサマにしたいという熱意と思い入れを持って事にあたる姿勢をみて、接触した相手の心のなかに人間交流のほのぼのとした灯がともる。何度も接触するうちにあなたを理解しはじめたことで、ずうっと身近な存在として意識するようになってくるものである。

人間関係もここまでくると、社内人脈のつながりができたと同じことなのだ。あなたに心を動かされた相手は、大いなる味方として頼りがいのある存在になっていく。

このように、人の心をゆさぶっていくものは、人の話に耳を傾けていく素直さであり、またひたむきな情熱を持って事を仕掛けていく、心の有様であるのだ。したがって、社内人脈をふやすきっかけはいろいろな機会をとらえてつくれるのだから、ビジネス能力向上のためにもそのチャンスを逃さずに一歩踏みこんで、コミュニケーションを深めるように仕掛けていくことである。

④ 成功する人は自己ＰＲがうまい

自分を売りこむ技術は、ビジネスマンにとってきわめて大切な知的テクニックになってきている。とりわけビジネス人生において自立をめざす人にとっては、このテクニックをいかにうまく駆使していけるかどうかが、重要なチェックポイントであることは間違いない。

成功者とみられる人は、自分という人間を、その人その人の立場で、とても上手に相手に印象づけてしまう。相手の受け皿の大きさの違いがあっても、自分がなにを考え、どんなことをやろうとしているのかを巧みに理解させてしまうものである。そのため、相手はいつのまにか人間的共感を育むことになる。ところが、能力的にどれほど優秀であっても、なにを考えているのかさっぱりつかめないような、そんな正体不明の人物もときどきみかける。相手からみれば異次元の人物に思えて、いまひとつ近づきにくく、心情的に抵抗感が起こるものである。

●相手を知るには、まず自分を知ってもらう

相手にいいイメージを与えるためには、あなたが持てる能力を誇示していく前に、相手に感情的な違和感を与えないように心掛けることが大切だ。それにはまず、自分の正体を明らかにして、近づきやすいムードづくりをしてみる。だれもが、自分自身のことで心を忙しくしているのだから、「自分をわかってくれない」と相手の理解力のなさを嘆くよりも、こちらから大胆にかつ率直にアプローチしていって、固く閉ざされている相手の心の窓を開けてしまうことである。

そうするには、自分を理解させようとする意欲に火をともし、これまでのように人から認められるまで「待ちの姿勢」でいた心構えを、思いきって変えていくことが必要である。かつては、男のたしなみというのは自分を表に出さないとか、自分をＰＲするのは男としてはしたない行為であるかのようにされてきた。しかし、そんなことでは、他人のことにまで思いやる精神に欠ける今日、構えすぎていないだろうか。

職場の同僚や遊び仲間のように長い間顔をつき合わせていても、相手の肝心な部分はなにひとつ知ることもなく、ただ一緒にいる機会が多かったというだけの、まさにスレ違いの人間関係に終始してしまうことが多い。

●消極人間は自己中心的

相手が聞いてこないのだから、なにもこちらから自分のことを話す必要がないのだと、そんな構えが、どれほど人生をつまらなくしているか計り知れない。おそらく、自分のことをあれこれＰＲすると人から変に思われはしないかと懸念して、自意識過剰になるからであろう。

それでは他人に自分を理解させていこうとする積極的な気持ちも、なかなか生まれてこないし、人がなにかをやってくれるのを期待するようになっていく。こんな他力本願を望むような人は、内気というよりも、実際は一種の利己主義者ではないかと思うことがある。

なにをするにも人の思惑を気にするポーズをつくる人間は、うぬぼれと虚栄心の入り混じった心情が奥深く潜在しているがゆえに、自分の行動をいつも誇大に考えていきやすい。「おれのことをどう思っているか」ということばかりをつねに気にしている。自己中心のうぬぼれに支配されている人である。

たしかに、積極的に自己ＰＲする人間を、目立ちたがりのでしゃばりとみて、時にはいやがらせをして人の足を引っぱる輩も存在する。でも、そんな人たちから受ける中傷なんて大したことはないではないか。むしろ、本当に惜しまれるのは、中傷されることを恐れるあまり、自分というものを正確に相手に知らしめるＰＲをしないことによって失う、心ある人たちの支援と理解である。

人に知らしめる努力をせずして、自分は有能であり、将来性ある人材であるとひとりで力んでみても、そのことを理解してくれる協力者がいなくては自立への道のりは遠いことだろう。

●上手な自己PRの方法

そこで、自己PRのやり方であるが、基本的には身近な家族でさえも、あなたという人間をほとんど知っていないという前提に立って、白紙の状態からあなたを理解させていくことを念頭において行動するのがいい。少なくとも自分を相手にわからせようという気持ちがあるなら、はっきりとその意図を持って、自己PRしていくべきである。

お互いの間にその意志を伝えることばが存在しなかったら、親子兄弟や夫婦であっても、また同じ職場で何年もつきあっている間柄であっても、あなたの能力、魅力について、なにひとつ理解してくれないことになるだろう。たとえば、いつもスポーツ、レジャーなどを話題に取り上げ、お互いに既知の常識ゲームのやりとりみたいな会話をしているようでは、それ以上の人間関係は期待できない。むしろそこから脱皮して、もう一歩踏みこんだ対話を心掛けてみる必要がある。

PRというのは、ラブ・ミーすなわち〝私を理解して〟という、求愛のことだという。自分を理解させていく手順は、求愛のしかたとまったく同じだからである。自立したい、頭ひとつでも先へ伸びたい、といったような意欲があれば、こんな人には自分をわかってもらいたいと心のなかで評価できる相手をみつけ、ためらうことなくあなたのほうから口火を切って、ラブ・ミー・コール（対話）をしかけるべきである。

相手がどの程度の受け皿を持つか、ことばを交わしてみなければわからないのだから、思いきって声をかけてみるとよい。自分を生かすためには、能あるタカはおのれの能力を顕在化させていくことが、いちばん肝心なのである。大いに自己ＰＲすべきである。少なくとも貝のように口をつぐんで欲求不満にいらだつよりは、一時的な誤解を受けても、自分を大胆に理解させていくことである。

実際、あなたが有言実行の精神で行動するかぎりは、あなたの真意は必ず理解されるものである。目先のあなたの評判にこだわって、自分を抑えてしまうようなことをしないほうがいい。多少の時間がかかっても、あなたを本当に理解する味方をひとりでも多く得ていく心づもりで、自分の持ち味を大胆に表現していくことである。そうすれば、正しく自己ＰＲしていく過程において、おのずとあなたの理解者がふえていって、自立に有利な環境づくりができるのである。

ただ、自己ＰＲするにあたって、自分の利益だけを目的とするような、売りこみ専門といった次元の低いＰＲの技術屋であってはならない。あくまでも、広い教養と深い人間性を内に秘めた人間まるごとをありのままにぶつけながら相手を魅了していくＰＲが、明日に向かってさらにあなたを飛躍させていくことになるだろう。

⑤ 友人の数より質の良さが肝心

●だれとでも公平につきあうでは、本当の友人はできない

近ごろは〝友人はできるものじゃなくて選ぶもの〟ということばがぴったりくるような時代である。すべてが過剰気味の状態であるだけに、知識・情報はもとより友人にしても、無定見にふやし続けていくことは、いずれわが身がそれにふりまわされて、身動きできなくなってしまうことにつながる。からだはひとつしかないし、毎日の可処分時間にも限りがあるとすれば、こんな自殺行為から身を守るのに、いまひとつ工夫があってもよいような気がするのだ。

すなわち、日常の生活行動において、不要不急なものを思いきって減らしていき、本当に必要な部分を大切に生かす、という発想を実践に移してみたらどうだろう。そうすれば、人間関係に自信がないと思うあなたでも、人づきあいがさほど苦にはなるまい。

そもそもが、つきあいを広げていくために、だれとでも公平に仲良く触れ合っていこうと考えて行動していると、いつかは玉石混交の人間集団エネルギーにふりまわされてしまうことになる。だから、生

き残るのに厳しい時代では、人間関係のあり方も、そこになんらかの意義を認め、主体的な判断に基づくつきあいをしなければ、貴重な時間とエネルギーの浪費だと受け止めていくべきだろう。

そこであらためて、あなたの友人関係の棚卸しをしてみることが、重要な意味を持ってくることになる。ただ、はっきりいっておきたいことは、どんな人が質のよい友人であるのかは、あなたの交際感覚のなかにしか存在しないということである。しかもその質のレベルの尺度は、あなたの生きざまとのかかわりあいにおいて定まっていくものなのだ。

●友人にしたい人、したくない人の鑑定法

人をみる目というのは、物心ついてから今日までの、積み上げてきた人間関係から得た判断力の集大成であって、いってみればあなたの人生哲学そのものであるだろう。したがって、現時点におけるあなたの総力をあげて、一人でも二人でもよいパートナーを求めるべく、日ごろから目を光らせておくことである。

それでは、筆者の場合、今後もつきあうよい友人でありパートナーとなるのはこんな人物だ、というイメージに基づいた人間像を、いくつかあげてみることにしよう。

まずは、人間をＡ（優秀）Ｂ（普通）Ｃ（ダメ）に大分類して鑑定している。というのも、Ａクラスの

人間との触れ合いを確実なものにしていきたいからである。実際、「また会いましょう」とこちらから声をかけたくなるのはＡクラスだけで、ＢＣについては受け身の応対になってしまうことが多い。

ちなみに、ＡＢＣそれぞれの特徴に触れてみると、いくつかの特有な共通項を見い出すことができる。まずＣクラスの人間像で共通しているのはナルシス（自己陶酔）型である。自分の考えだけを滔滔《とうとう》と演説する人には、まるで口害にあったような印象を受ける。それに一見解説者風のポーズをとって、なにかにつけ断定的な言辞を弄する人も、柔軟性を欠く動脈硬化人間のように思えるのだ。

Ｂクラスの場合は口害人間ではないが、人から吸収することばかり考えている人である。意欲のあることは理解できるにしても、与えることのない一方通行のマインドでは、人間関係を長く持続させることはムリな話である。社会人として相応の経験を積んでいるならば、相手にアピールするようななんらかのセールスポイントを内包しているはずである。その持ち味を出そうともせずに自分本位に自己啓発をはかるなんてことは、ともに成長しようとするつきあいのルールに反する。Ｂクラスは相対的に無害人間に思えるが、それだけに受ける印象も淡く、もう一度会いたいという気が起こらないものである。

●Ａ級人間の六つの条件

Ａクラスの人間像は、かなり鮮明にクローズアップすることができる。この場合、学歴、社会的地位、財産などは、人間の評価にはほとんど無関係であるが、次にあげる六つのイメージのうち二つ以上身についているのが、Ａ級人間の共通点であるといえよう。

①　本業に一二〇％打ちこんでいる人

本業すら全うできないようでは、ほかのなにをさせても中途半端なことしかできないとみてよい。一〇〇％どころかそれ以上にエネルギーを燃焼させていると思えるほどに仕事に精励している人からは、心の余裕を感じることが多い。またそんな人の〝目〟には生きて輝いているようにみえるものである。

②　いくらつきあっても疲れない人

肩に力を入れることもなく自然体でつきあえる人である。優良会社が、いくら働いても疲れない会社であることのもじりであるが、つきあうことが楽しいというムードが、つねにお互いの間に存在している。

③　いくらつきあっても退屈しない人

疲れない人とうらはらの関係にあるが、つきあいのなかに、心に残る演出、楽しい仕掛けを心掛けていて飽きさせない、快い刺激の相互交流がつねにある。さらにいえば、ユーモアやウイットを理解する心の持ち主であることだ。どんなときにもユーモアやウイットを巧みに用いて、楽しいムードをかもし出す生活技術を心得ている人は、相手の気持ちを斟酌せずに一人舞台を演ずる無神経な野暮天に比べて、さわやかな後味を残すものである。

④ 共存共栄をはかって伸びていく人

自分だけではなく、相手と一緒になって明日に向かって伸びていこうとする、そんな熱い心づかいがそこにあるのでゆさぶられてしまう。しかも、お互いに主体性を持ってつきあうのが、いい関係を持続させていく。

⑤ 度量が広い人

さりげなさのなかに変わらぬ友情（包容力ある大きなやさしさ）が感じられる。困っているなと察すれば、オレには関係ないヨと知らん顔はできない。また、人の話によく耳を傾ける心の広さがある。

⑥ ヒューマニティのある人

これはAクラスにとって絶対不可欠の条件である。勇気、判断力、明るさ、親しみやすさ、男らしさ（女らしさ）、思いやり、謙虚さといったようなプラスの人格を、人間の内側に大きく育て上げている人である。一言でいえば、人間の心が温かい人物であることだ。心が冷たい人は、とかく自分の都合で相手を動かそうとする傾向が強く、相手の心にアレルギーを引き起こしがちである。

右に述べたような教養に裏付けられた豊かな情感で、人の心にさわやかな印象を残してくれるA級人間、こんな魅力ある個性の持ち主をひとりでも多く探し求めるように努力したいものである。時間的に限りある人生においては、Ａ級人間とのつきあいを大切に育てながら、ともに大きく成長することを心掛けるべきであろう。

そこで、Ａ級人間を選び出すてだてだが、これまで何年もの長い期間にわたってつきあってきた間柄であっても、いまや単にしがらみでしかなく、惰性で続いているだけの関係なら、一時期つきあいのパイプを閉じてしまうようなことがあってもよい。必要なときにはいつでも開栓すれば、旧交を温められる。それによって生じた余裕エネルギーを、Ａ級人間とのパイプを太くすることのために投入していくのである。

つまり、これはと思える人物には熱い思い入れをかけていき、どうでもいい人に対しては、嫌われない程度のあいさつぐらいはやっておく、ふつうのつきあい方で十分である。このようにつきあいエネルギーの集中化をはかってはじめて、誇るべきＡ級人間を仲間に加えていくことができるのである。

⑥　ＥＱ型人間は仕事や心の衝撃にも対応上手

●ＥＱ型人間は復元力がある

近ごろは、偏差値万能の風潮があるために、屈辱感や悔しさをバネにして新たな意欲を燃やしていくよりも、あきらめに近い気持ちにとらわれてしまう人が少なくない。そんなことであっては、人生のいろいろな転機にさしかかった際に、うまくそれを乗り切っていけないことも懸念されよう。その転機にどう対応しているかによって、その後のビジネス人生が変わり、うまく成功していく人もあれば、社会のよどみに沈んでいく人もある。その違いはどこからくるのだろうか。

率直にいって、悔しさを味わったことをいい経験をしたと思い、この次のチャンスに生かそうという発想をして腹をくくれる人物は、したたかに生き残れる人であるように思える。そういう人には、なにより復元力があり、厳しい局面にぶつかっても決して逃げない。それに「あの人にはバネがある」と、しなやかに生き抜いている人をさしていうことがある。

たしかに、なにかのバネに支えられていなかったら、身も心もポキッと折れて、その挫折感から立ち直れず、ビジネス人生からの脱落者になってしまうかもしれない。人生には浮き沈みがつきものであり、その荒波を泳ぎ渡っていくには、どんな状況におかれても、いつか浮かび上がっていくだけの復元力を育て上げておく必要がある。そうすれば、自分の復元力に自信があるので、ちょっとぐらい沈みかけるような局面にさしかかっても、さほど気にかけることもなく楽天的になれる。

それには、なによりゆるぎない行動哲学が大切である。ビジネスマンとしての自分の人生を、まずはマクロ的にとらえていって、生来こうありたいとめざす人生目標を実現するために、いまの時点でどうあらねばならないかを、常時意識していくようになる。そうすれば、厳しい状況におかれたとしても、それがいまわが身に与えられた必要な試練であり、修業と割り切ることで、むしろ積極的に事態に立ち向かっていけるのである。

その姿はちょうど、見事な生け花のように、周囲とのバランスのとれないさまざまなエゴの枝葉を、ばっさりと切り捨てた後の人間の姿に似ている。とかく自分さえよければよいという感覚で、よろず自分に都合よく飾り立てていくのが、人間の業であろう。だが、ひらき直っていくには、その虚飾な部分を取り除き、「自分はいったいなにものなのか」をとことん究明していかなければならない。

そこで、これが自分である、これ以上なにもないという原点がわかれば、あとはひらき直ってそこから出発していくのである。自分がナニサマでもないとわかれば、見るもの聞くもの触れていくものすべてが素直に受け止められて、自分にとって意義のある存在になっていく。

すなわち、自分の原点を探りあてて、偉大なる諦観に達することによってのみ、前進する偉大なる勇気が湧き起こるものである。実際、このようにしておのれの原点を把握できれば、あとはひらき直って腹をくくれるし、過去をふり返ることなく、ただひたすらに前に進むのみである。

●自分なりのビジョンを持てば問題やミスに対処できる

その結果、おのずと前向きに心機転換することから、逆境にぶちあたったとしても、それをはね返す復元力も身についてくる。しかも、事を処するにあたってなにより近視眼的でなく、広いビジョンを持って対応していけるようになるのだ。

たとえば、職場ではよくあるケースだが、人事のことで上司に食ってかかったり、仕事のことで得意先とトラブルを起こす人がいる。たいていの場合、なにか損をしたことで悔しかったために、原状回復以上のことを狙っての行動であることが多いが、結果としてその人たちはさらに損をしているのだ。

同様に、衝動的に会社を辞めて職を変えていく人もそうである。もっとよい条件を求めて移り歩くのであろうが、実際には、条件がさらに悪化することのほうが多く、そのために再三職を変える——そんな悪循環に陥り、自分の評価を下落させてしまう人が以外と多いのである。どちらのケースも、おのれの復元力に自信がないせいか、やることがきわめて短絡的である。

「なにをしたいか」という、明確な自分なりのビジョンを持たないために、人生のいろいろな節目にさしかかった際、ズルズルとみずから重大なミスを犯してしまうのであろう。つまり、そもそもビジョンがないのだから、なにを基準に判断し行動していけばよいのかわからない。自立に必要なバネをつけたテコが、しっかり取り付けられていない感じである。

そのため、なにかの問題が発生すると、長期的視点に立った解決の答えを出せないまま、いうことなすことが行きあたりバッタリになってしまう。世のなかには、そんなやり方でも、うまくビジネス人生を過ごしていく人がなかにはいる。が、たいてい〝要領がいいヤツ、抜け目のない人物〟といったレッテルが貼られ、近い将来に必ず伸び悩む時期が到来するだろう。

このような場当たり的なごまかしに終始している人に対しては、世間の目は予想以上に厳しいものである。むしろ逆に、損をしてもそのなかからなにかしらの教訓を汲みとって、将来のプラスにしてしまうくらいの復元力を持ってほしいものである。損をしても平気で笑ってすます、また目先の損を栄養にして伸びようとする発想のしかたができるほどの、そんな腹のくくり方をしていければすごい魅力となることはたしかであろう。

●毒素に無防備な人が多すぎる

これまで述べてきたように、基本的なバネとなるような行動哲学さえあれば、いかなる事態に直面してもそれなりに対処していける自信がつくことだろう。しかしながら、仕事と人生における応用能力に欠けている人が、意外と多いことに気づかされるのだ。日常の生活行動において生じるさまざまな毒素に対し、まったく無防備である人たちのことである。

おそらく経験的事実を応用して生活の知恵にしていく発想が、なかなか生まれてこないからであろう。ちょっとひとひねりして考えればすぐ気づくことであるのに、この応用能力の貧困さが、あらゆる面での生活技術の下手さ加減に結びついていく。つまり、仕事、アソビ、カネ、男・女……それぞれに内蔵する毒素に対する「抗体」を持ち合わせていないために、一種の中毒症状を呈しているケースが少なくない。

病原菌が体内に入ってくると、それに抵抗する免疫体ができるという常識を、生活の知恵にとり入れることが大切なのである。たとえば、仕事一途に生きてきた人間が、必ずしも恵まれた後半生であるとはいえない。かつては仕事の虫であるくらいの人間が、忠誠心を求める企業からの評価も高く、本人自身もそれを誇りとしていた。

だが、いまやすっかり価値観が変わってきて、仕事以外のことは顧みない本物の働きバチに対する評価は、必ずしも高いものではない。むしろ、仕事そのものにぶらさがり、あるいはまつわりついていく虫のような仕事への取り組み方ではなく、人間らしい生活行動のなかに、うまく仕事をはめこんでいくやり方であるのが、いまの時代にふさわしいセンスというものである。

●抗体センスを磨く

だからといって、企業に対する忠誠心が以前に比べて劣るわけではないし、仕事の効率が下がることでもないのだ。今日では、仕事をしながら楽しむ、そして楽しみながら仕事をするという考え方に切り換わりつつあり、そのほうがあなた自身の自立、さらには企業の発展にも結びつくことはたしかである。ただそのためには、仕事についての、あなた自身の抗体センスがあることが必要なのだ。

仕事であればどんなささやかなことに対しても、同じようなウエイトをかけていくようでは、あまりにも融通がなさすぎる。さほど価値のないものにはさらりと対応し、重要な仕事についてては根つめて念入りに対処している。すなわち、仕事に対する時間とエネルギーを意図的に配分していって、たとえ一時でも、自分の意志で行動できる時間をつくろうと努力することで、あなたの抗体センスが磨かれていく。

あくまでも仕事に支配され振りまわされる人間ではなくて、ワンパターンになりがちな仕事のやり方に、緩急自在のアクセントをつけていって、人がなんといおうとこれがオレの生きた時間なのだ、そういえるような「時」を創造していく人間であるべきだ。

この意欲を持つことが、あなたを単なる仕事の虫に追いやることもなく、あなた自身の生活サイクルのなかに仕事を取りこんでいく、ゆとりあるビジネス人生を可能にするはずである。

4章　プラス思考がＥＱパワーを創造する

①　すべての成功は失敗を恐れないＥＱパワーから生まれる

●情報サービスの弊害「他人頼り」が多くなった

自立には、何事も限界までは自力でいく姿勢があることが、とりわけ必要であるように思える。近ごろは、なんでも聞きたいことがあるとすぐにダイヤルを回してしまうか、あるいは身近な事情通と思われる人に声をかけていく。知らないことを人に聞くこと自体はよいのだが、そのやり方があまりに自分本位であるので、どうみても積極的というよりも利己的である感じがする。

こうなってきたのも、モノや情報が安易に入手できる時代が到来しているからで、あながち本人に責を帰するわけにいかないかもしれないが、それでもよいと思いこんでいると、厳しい評価を受ける破目になりかねない。

自分にとって必要なことは、手当たり次第に他人の力を利用することで満たしていく、こんな発想をいつまでもしていると、肝心なときに他人の協力を得られないものである。つまり、物事を行う場合に、ひたすら他人に頼っていく他力本願な姿勢でいることを、心ある人はすぐに見抜いて避けるようになるからである。

たしかに、今日の情報サービスの発達はめざましく、そのおかげで日常生活の便利さと豊かさを味わっているのだが、同時に、人間の心のなかになにかを頼りにしていく依存心を育んでいくようになる。頼る気になればすべて間に合うから、自分でなにかをやっていく自力の精神が失われつつあるのだろう。本来自分の力でつぶしておくべきことすらも、他人に依存してしまいがちである。

どんな場合にもいえることだが、物事は、自分の力で可能なかぎり解消していって、それでも力の及ばないことについてのみ、人の協力を求める姿勢のあることが大切なのだ。そうしていかないと、その人物の甘えの構造だけが目についてしまう。世のなかには、とかく焦って結果を早く得たがる人が多すぎる。だがそれは、ゴルフになぞらえれば、一番のティーグラウンドからいきなり一八番のカップを狙うようなものであるだろう。そこへ行きつくまでの過程の大切さを一切無視してすぐに実りある答えを求めているわけだ。それはムリというものである。やはり、めざす目標に向かって、焦らずに我慢して一歩一歩前進することが、自立への道をより確実なものにしていくのである。

その際、他力本願につい なりがちな気持ちを抑えて、可能なかぎり自分の力で目標を達成させていくには、なによりあなたが精神的タフガイでなくてはならない。タフな心を持たずして、ビジネス社会で起こるさまざまな苦難に直面して耐え抜くことはできない。我慢して耐え抜いてそれに立ち向かっていくようなタフな男は、みずからよい結果を生み出していけるのである。前向きな心の仕掛けが、幸運を呼びこむからである。

●失敗を恐れないタフな心が幸運を呼ぶ

タフな男の心は強靭である。それはひとつには、人生に対してひらき直っているからである。だからといって、決して人生に捨て鉢になっているわけではない。また、ひねくれて斜に世のなかをみているわけでもない。いとも真面目に、自力で目標を達成していくための心機転換法として、ひらき直りの精神を活用しているのだ。

事実、ビジネス社会で成功をおさめ、しなやかに生き抜いている人たちに共通しているところは、〝失敗したっていいじゃないか〟とひらき直って行動していることだ。〝オレだけは失敗したくない〟と思いがちな消極的人間ではないことである。だれだって苦い失敗の一つや二つは体験するのがふつうなのだから、そんなときに「失敗」とどうつきあって、うまくそのピンチをチャンスに変えていくか、あなたなりに心得ておくとよい。

それにはまず、失敗の効用とメリットがなんなのか知っておくべきで、それを知ると知らないとでは、厳しい現実に直面した際、あなたのとるべき行動がずいぶんと違ってくる。もしも結果を先回りして考えて、失敗の痛手を避けるような行動をとるならば、なにひとつ身につかず、現在の状態から一歩も前に出ることはないのである。活字情報から得た頭のなかにある知識だけを頼りにして、物事を処理できると思ってはならない。現実に知らないということは、そのものの実体についてほとんど無知であるに等しいのである。

職場ではよくあるケースであるが、上司が部下に対してある思惑を持って、きつい仕事を命ずる場合がある。部下にとってちょっと荷が重いかもしれないと懸念しながら、もしそれをやり遂げれば次のチャンスを考慮する腹づもりでいる。その際、先回りして、すばやく頭のなかで失敗した場合の痛手など計算しながら、「私にはできません」と断ってしまう。

頭脳計算では不可能、あるいは失敗することの懸念という解答がはじき出されたので、そのまま正直に返事をしたのかもしれないが、ビジネスには計算外のことがゴマンとあるのだ。その答えは、自分のからだで受け止めた皮膚感覚で得た知恵のなかから、はじき出すしかないのだ。

したがって、上司の命令を拒んだことは、挑戦する機会を与えようとしたせっかくの心づかいを無にするばかりか、皮膚感覚を養うひとつのチャンスを逃したことになる。思いきってやればできたかもしれない可能性の芽を、ドジを踏んだら……といった先入観にとらわれて、みずから摘んでしまったわけである。

●ＥＱ型人間は失敗を次のチャンスにつなげる

この点、ＥＱ型人間の行動のあり方は、体験的学習への積極的な意欲を示している感じだ。経験を多く積み上げることが、それだけ現実性のある判断材料がふえていくと考えて、与えられたチャンスをひとつずつモノにしていくか、みずから仕事を買って出ているように思う。いろいろなケーススタディを試行錯誤して体得することのほうが、頭のなかでひとり相撲をとって考えこんでいるよりも、はるかに生産的であるだろう。

こうやって自分流の生き方ができる人は、失敗は、人生の勝負を挑んだ者だけが得られる証しであると受け止めて、ドジを踏むことにこだわらないものである。したがって、なにかにつまずいても、別次元のことにうまく視点を切り換えていけるので、こうやったらどうかと一歩踏みこんで前進する粘りがそこにある。おのずと、したたかさを生む行動を確立しているのである。

すなわち、失敗してもそのことで流した血と涙とをムダにしないように、体得した知恵を次のステップに生かしていく。やってみなければ決して知ることのできなかった、現実の厳しくてつらい味がわかっただけでも、大きな進歩と受け止めていくしなやかさもある。実際にいろいろと体験すること自体、来るべき飛躍のために準備していることになるのだろう。

不思議なもので、失敗も何度かやっているうちに、いつのまにやらそれに慣れてくる。そうなれば、いくら失敗にこわがるあなたであっても、一歩踏み出す恐怖も次第に薄れていく。こんな具合に場数を重ねていって、あなたの心のなかに巣食っている「こだわり」という生き物を、うまく飼い馴らしてしまえばしめたものである。なぜなら、もうその段階にくれば、失敗するからこそ次のツキを呼びこめるのではないか、あるいは一所懸命やった場合、失敗してもマイナス掛けるマイナスはプラスになるのだ、と楽天的にもなれるからである。

●結果を考えてから行動を起こすのでは人は伸びない

ところが、自分にこだわりすぎて伸び悩む人の多くは、結果を考えてから行動を起こす面が強すぎるきらいがある。こういうムダをしないのは、たしかに一見合理的であるようにみえるが、実際にはなにもしない、なにも達成できないということである。この現実をまず知って、つねに自分の気持ちを前向きに転換させていくことが、おのれの運命を切り開いていくことにつながるのだ。

したがって、今日までの経験の集大成が明日の糧になると思えば、どんなことだってその成否にこだわらずに、まずやってみる勇気が出てくるはずである。その勇気は、現在《いま》という瞬間に賢明な選択をすることで得られる。つまりなにかをしてみようという〝気〟が起きたら、結果のいかんにこだわらずに、この瞬間に勝負をかけて、その〝気〟を完全燃焼させてしまうことである。

こうして挑むことは賭けることでもある。元手は自分自身であって、それこそからだを張っていくことになる。やろうとすることが五〇対五〇の確率で可能性ありと判断できれば、思いきって行動していくことだ。徹底的に行動し続けることによって、最終的には必ず望んだ状態を手にすることができるものである。

② こうすればＥＱ能力は磨ける

●自立へのステップ①＝理想とする人のマネをする

自立したいけれども自信がない、という心理状態になるのは、なにをどうやったらよいのかわからないことに原因があるようだ。あなたの前に白紙が突き出されて、なにか描いてほしいと頼まれても、よほど腕に自信がないかぎり対応に困ってしまうことだろう。

すばらしい芸術作品にしても、その形成過程において必ずどこかに原型が存在するはずである。ビジネスマンの仕事についてもまったく同じことがいえて、だれかがつくり上げた仕事の原型をなぞりながら、自分流の仕事をしていくようになる。

そのためには、ビジネスマンの成長過程において、どの年代でなにを考えて行動すべきかを自覚している必要があるが、なにより大切なことは、あなたの目標となる師匠を見い出しておくことである。あの人のようにありたいという人を、あなたの具体的な理想像として心のなかにイメージしてみる。そこでまず、その人のいうことやることを、そっくりそのままマネすることから始めてみるのだ。

最初はまったくのコピー人間かもしれないが、そのうちに自分の持ち味がにじみ出てきて、あなたらしい独自の風格と魅力が身につくと同時に、そのセンスが仕事のやり方にも反映して自信がつくようになる。実際、囲碁や将棋に定石があるように、ビジネスにもいろいろな〝型〟がある。商取引の方法、職場における仕事の段取り、社内交際のあり方など、文章に明文化されたものもあれば、しきたりとして不文律になっているものもある。一人前の自立したビジネスマンとして評価されるということは、そのような〝型〟をひと通りマスターしているとみなされるべきであるのだ。

その習得に要する期間は人にもよるが、一年でだいたいのコツを飲みこむ人もいるかと思えば、十数年経っても理解できないで、ドジばかり踏んでいる人もいる。そんなちがいが起きるのは、結局のところヒトマネの上手下手に関係してくるようだ。ある程度キャリアを経たにもかかわらず、仕事への対応が大きくちがってくるのは、その基本型を、皮膚感覚でつかみきっていないことが原因である。

仕事についてひと通りの知識を得ているものの、その知識を本当に自分のものにしていくには聞きっぱなしではダメで、体に覚えこませていくことが肝心だ。それには、なにかこだわる心があるかぎり、拒絶反応が生まれてきてうまくいかない。子供が、親の一挙一動をマネして成長していくように、身近な先輩の〝型〟をそっくり写しとることである。一時的には、その先輩のミニタイプといわれるほどの、見事なコピー人間になっていけばよい。

自分の目と耳を絶え間なく働かせて、職場において発生する一連の事態にどう対処していくのか、師匠と見立てた先輩のやり方をしっかり観察しておくことである。そして、そこで学びとったことをためらわず実践してみるのだ。この体験を何回かくり返していくうちに、完全に先輩の〝型〟が身についていく。

このように、まずは〝型〟にはまっていかないと、どこかにバランスがとれないところが出てきて、周囲との協調がむずかしくなってくるものである。

●自立へのステップ②＝コピー人間から自分の持ち味を出す

そこであなたが、いつまでも先輩のコピー人間のままにとどまっていては、自立どころか単なるサルマネでしかない。本質をつかまずに表面だけをマネしているかぎりにおいては、コピーさせてもらったオリジナル先輩を超えていくことはできない。先輩の到達点までまず追いついて、そこからさらに先へ進んでいくところに、人間成長の意義がある。

さらにまた、〝型〟にはまって〝型〟から脱け出していく成長過程が、あなたを成功に導いていくものなのだ。ヒトマネはかくあるべきであって、先輩の考え方や行為の本質を理解できるようになるまでのめりこんでいって、その辺のところが自分なりに解明できるようになったとき、はじめてその〝型〟を、あなたらしく自分流にアレンジしていくとよいのである。そこでようやく、自分らしいビジネスの〝型〟が創造できて、新たな個性を付加されることで、あなたのビジネススタイルの評価を高めることになる。

つまり、ＥＱ型人間がひと味ちがうのは、身近な先輩のなかから仕事のできそうなやり手を選び出して、ひとまずその人を対象に、一所懸命ヒトマネして骨組みづくりに励む。その際、仕事に関係ない性格や行動には一切こだわらない。目的は、人物評論や探究ではなくて、ビジネスの〝型〟を学ぶことにあるからだ。

当面の目標とした先輩の〝型〟をコピーしおえたら、さらに優れたビジネスノウハウを持つ人物を見い出して、新たなヒトマネを開始する。すでに基本的な〝型〟は身についているのだから、あとはそこへ必要なノウハウを新たに肉付けしていけばよいのだ。その付加価値の中身が、ＥＱ型人間らしい仕事の評価に結びついていくものである。

しかしながら、ビジネスの定石を身につけるにはヒトマネが必要と考えるあなたであれば、やわらかい心の持ち主であるので問題ないが、このやり方しか方法がない、この生き方しかできない、と自分の発想を直線的に絶対視するようなあなたであると、人とはちがった独自性を持つことにこだわり、考え方をますます硬直化させていくようになる。そういうことだと、あなたの心の片隅に、なにかの衝撃があればすぐにダメージを受けるような固さ、脆さといったような危険物を抱えていることになる。

●ＥＱ型人間に欠かせないコーディネートパワー

そこで、外部衝撃によってポキッと折れてしまわないように、どんな環境にも適応できるよう調整の可能な人間に自分を仕立てあげておく必要があるのだ。

とくに、環境変化が著しい今日では、当然ながらヒトも変わっていくべきであろう。まさに、変化への対応力、調整力を持つ人物のみが生き残ることができる、〝適者生存の時代〟の幕開けに、あなたは直面している。こんな認識に立って、自己調整しながら成功への道を歩むことは、あなたが経営者的なトータル思考を持つかぎり可能なことなのである。

このトータル思考には、いくつもの力を総合していく能力――コーディネートパワーが支柱になっていて、ＥＱ型人間には絶対に必要なパワーである。すなわち、洞察力、先見力、情報収集能力の三つの能力を自分のものにすることで、なにかのショックがあっても対処していける自己調整能力を身につけることになるのだ。

具体的には、なまじ先入観を持つようなことをしないで、体験するすべての事象を、できるだけあなた自身の問題に置き換えていって、なにより素直に受け止めていく習慣を持つといい。このプロセスをくり返し経験することによって、物事の本質を見きわめていく洞察力に磨きがかかっていく。そこへもうひとつ、未知への貪欲な好奇心をからませることにより、おのずと先見力が身についてくるものである。

意識して新しいことを知ろうとする努力があればこそ、とかく硬直化しがちな発想を柔軟にしていけるのだ。そして、あなたひとりの知恵といってもタカが知れているという限界をわきまえて、日ごろのつきあいのなかに〝情報人間〟をちゃんと用意しておくことである。この三つの総合力があるかぎり、いつの時点でも、あなたの自己調整能力は、十分にパワーを発揮できることはたしかである。

したがって、自立心を磨いていくうえで留意しておくべきことは、他者との共存のなかにおける自立であるのだから、ビジネス社会でのパスポートである〝型〟をまずわきまえていく。自我を突っ張るだけの自立心ではまわりにアレルギーを引き起こすだけで、いずれ厳しい挫折感を味わわされよう。そして、ヒトマネにより身についた基本的な〝型〟に付加価値を持たせるために、あなたの自己調整能力を全開させて、環境変化にしなやかに対応していくことである。

③　みずから「張り合い」を創り出せ

●惰性のビジネス活動を活性化させる

職場におけるあなたの仕事に対する姿勢は、どんなものであろうか。もしも、上司から命令された仕事だけを汲々として消化しているようでは、限られた容量の範囲だけは役に立つコンピュータ人間と変わりはない。人間と機械との間にある歴然たるちがいは、潜在能力に無限の可能性を持つかどうかということである。

だれもが社会人としての大きな可能性を秘めて、学窓を巣立ってきているはずだ。にもかかわらず、怠惰に流されがちな自己との対決を避けているかのような、そんな日常を過ごす人が多い。惰性的に何十年もの間、与えられた仕事のみやりつけていると、だれかの指示なくしては身動きひとつできない人間に仕上がってしまうものである。

組織社会には必ずルールがあり前例があることから、デーリーワークはうまく処理できるようになっている。が、そこで生じる余剰能力を、まったく活用しないまま退化させてしまったがゆえに、人生スゴロクの上がりがこんなリマでは、あまりにもわびしい話だ。自分の能力を、満開とはいわないまでも、せめて七分咲きの〝見ごろ〟の状態におくよう、つねに心掛けていくことが大切なのである。またそうすることで、生きていく張り合いも出てくる。

そのためには、自分の意志によってなにかを実践しようとする、エネルギー中枢をマヒさせてはいけない。どんな小さな行為でもよいから、いますぐ始めることである。こうして引き出された潜在的余剰能力をフルに活用することで、あなた自身の活性化をはかっていくべきだ。

個人の活性化が、企業のダイナミックな発展に結びつくことにもなる。とすれば、いまや忘れ去られた男の機能――ハンターたる戦士の心を取り戻して、自分自身をマンネリ化させないように、新たな獲物を求め続けていく。そして、男らしく未知の分野に挑戦して、次々となにかを自分に課していく貪欲な心が、みずから人生を切り開いていく仕掛けマインドのエキスになっていくのである。

たしかに、未知は、男の〝道〟に通じているように思う。その道を、前人未踏の領域にまで拡げていけとはいわないまでも、少なくとも今日まで、自分が未だ知らざるものに対して、一歩踏み出してみるべきであろう。実際、未知なるものに向かって、ぐいぐいと突き進んでいく男の生きざまはすばらしい。

●もはや現状維持型・傍観者型はビジネス社会では通用しない

ところが、すべてが成り行きまかせで現状維持型である人は、なにをするにも変化志向が希薄であるので、その人の影までうすくなりがちである。自己と対決してまでおのれを変えていこうとする意志がないために、刻一刻、惰性という見えざる甘えによって、世のなかにはっきりと刻印すべき自分の存在を消していることに気づかないのである。

大きなうねりで動く時代の波の間に、抜き手を切らずにそのまま漂い続けているのでは、いつのび、うねりに向かって泳ぎ出していく気力すら失ってしまう。岸辺に座りこんでただ波の動きだけを目で追う、傍観者的人生を送るのと同じことになる。

それでは、なんのためにいまの天職を選択したのか、その原点を問われることになろう。みずから選んだ道以外によい道はあろうはずがないのに……。だとしたら、他人事の人生であるようなポーズをとらずに、自分の意志で選択した人生の道を、ぐんぐんと歩いていくことだ。運命の女神が微笑むのは、そんな人に対してだけである。モノを思うことのみに生きがいを見い出す哲学者ならいざ知らず、ビジネス社会に棲息していて、現実逃避とタナボタ式〝待ち〟の生きざまは許されざることなのである。

●成功するビジネスマンは、〝ベテラン〟ということばを嫌いつねに挑戦姿勢である

ここで思うに、〝挑戦する〟と口に出すのはいともたやすいが、それだけでいつも具体的に行動する習慣がないと、自分の声に酔うカラオケオジンと同じである。定年になったらなにかしようとか、余裕ができれば実行しようとか考えてみても、その時点でもなお、いまの情熱と意志とが変わることなく残っているものかどうか。

そこで、なにかに挑戦するにあたって、年代によっても置かれた環境によっても、目標地点はそれぞれに異なることだが、死という最終目的に到達するまでの長い道のりを、自分自身になにかを課しながら、たゆまずに第一、第二、第三……多段式にロケットを発進させていくべきであろう。そうしないと、いざというときには発進させる点火装置が錆びついていて使いものにならない。

いま目の前に横たわるギャップでも、ホップ・ステップ・ジャンプでとび越えてみるとよい。ギャップにぶつかったらとび越していく、目標を立てたらそこに向かって歩き出す、という具合に、行動するクセを身につけることである。挑戦するというのは、勇気ある行動の積み上げなのだ。小さなギャップを飛躍していくうちに、リズム感をつけていき、数多くのささやかな挑戦を体験しながら、次第に大きな挑戦が可能となる状態に持っていくものである。

成功するビジネスマンに共通している気分は、どんなことでも新たな障壁にぶつかると決して逃げる

ことなく、猛然とファイトを燃やして立ち向かっていくことである。それに、ベテランといわれることも恐れる。やることがワンパターンでマンネリになり、新たな挑戦ができない男の代名詞に聞こえるからである。

いろいろな試行錯誤をくり返しながらつかみとった知恵をベースに、エネルギーを再生産させてさらに一段とむずかしい目標に向けて挑戦しようと試みる。その頭のなかには退屈ということばは存在しないのだ。いや、自分を退屈させないように挑戦し続けているからこそ、それが入りこむスキマがないということであろう。

●山頭火の「分け入っても分け入っても青い山」の心を持つ

このように、挑戦する心の持ち主は、つねに明日を考え前を向いているので、過去をふり返る余裕がない。たとえ過去に華麗なる栄光があったとしても、それは人生軌跡の単なるケルンにすぎない。放浪の俳人種田山頭火が「分け入っても分け入っても青い山」と表現したように、道＝未知は限りなく遠く続いているのである。それなのに、疲れたからといって口実を設けて、意志薄弱なおのれとの対決を拒み、歩みを中断させてしまうザマであっては、折角の人生をみずから冒瀆《ぼうとく》することになりはしないだろうか。

自分の道を見い出したら、茨に傷つき石につまずくことがあっても、自分を決して甘やかすことなく、迷わずに前進していくことである。座して待っていても、山のほうから近づくことは絶対にないのだから、自分でふさわしい登山道を探し求めなければならない。あとは、その道を一歩一歩踏みしめながら、黙々と登りつめていけばよい。

変わらぬ姿勢で歩み続けていくそんな姿に、いつしか男らしさがにじみ出てきて、人は惚れこみ、大いなる信頼を寄せていくものである。まさにこの点にこそ、ＥＱ型人間としてあるべき人間像を重ね合わせることができるのである。

④　ＥＱへの促進剤〝情報通〟になる

●ＥＱ型人間は情報人間でもある

成功したＥＱ型人間には、どういうわけかいろいろな情報が集まってくる。いったいその秘訣はどこにあるのだろうか。マスコミやクチコミを通じて、毎日大量の情報がわれわれの手元に送りこまれてくるが、ひと味ちがった、しかも一歩突っこんだ情報（精度と密度のある）には、なかなかぶつからないのが現実だ。

それでは、そんなトップクラスの大切な情報をどこから入手したらよいものだろうか。はっきりしていることは、求める情報を持つスペシャリストないし情報キーマンを通じるのがいちばんよい。問題は、そういう人たちをどうやって探し求めるかであり、たとえ探し出せたとしても、どうしたら相手に接触できて肝心な情報を聞き出せるかにある。

それがうまくいくかどうかは、パーソナル・コミュニケーション（パソコミ）技術のできいかんにかかってくる。ＥＱ型人間は、このパソコミ技術がとくに優れているのだ。それは、相手と個人的なコミュニケーションが確立していなければ、自分のほしい情報は得られないのであるから、少なくとも〝あなただけには教えてやりたい〟と、相手に思い入れをさせてしまう人間関係を築いている。

間違っても〝あなたには絶対に知らせたくない〟という拒絶反応が、相手の側に出ないように心掛けている。これが、情報を先取りしてあなたを有利な立場に導くのに、とりわけ必要な基本原則であるのだ。

よい人間関係を通じて流れてくる好意あるヒト情報こそ、パソコミ技術の大いなる結実であるように思う。そして、この実を育てる方法は、きわめてバラエティに富んでいるが、そのなかで、ＥＱ型人間がとくに力を入れて実践している方法は、次のようなやり方である。

●極秘情報も入手できるＥＱ型人間のパソコミ技術

日ごろつきあっている人たちのなかから、なにかよい情報を持っていそうに思える相手を選別していって、自分のとっておきの持ちネタを、まずこちらから提供してみる。この「ギブ」の行為が肝心なのである。一回や二回ではダメだが、それを重ねていると相手のほうも奥の院におさめてある情報を引っぱり出してくるようになり、結果として情報収集の成果が得られるわけだ。つまり、ＥＱ型人間がそれなりの行動をやってのけられるのは、相手に対して自分自身が情報キーマンとしてふるまうことで、必要な情報をいつのまにか自分のフトコロに吸い寄せてしまうから、それが可能なのである。

どんなことでもよいから、情報通であるトレードマークを持って、新たな情報収集の決め手にしていくことが大切なのである。しかもこの決め手は、身についたら大いに使いこなすべきである。決め手となるひとつの情報ネタは、新鮮なうちに何倍、何十倍にも知的に拡大再生産して、情報通としての自分自身を評価させていくことが大切なのである。情報が向こうから飛びこんでくるような、そんな仕掛けを用意しておくことである。

そこで、より効果的な情報収集の仕掛けについて、あらかじめ念頭におくべきことがある。それは、ビジネスマンは職場の内外を問わず、終日が面接との戦いであり、面接は一対一でするものであるから、社内外の情報収集にあたっては、一人ひとりの個性とケースに即した対応が大切であるということである。事実、だれに対しても同じやり方では、テープレコーダーみたいなもので、効き目がないだろう。

●面接名人が使う効果的なホレグスリ

面接名人は、一人ひとりの気持ちをつかむために、ホレグスリを調合して与えている。相手の話をじっくり聞くゆとりが、そのクスリだとわきまえているのだ。それゆえ、コーヒーや酒を飲みながらの情報交換（飲ミニケーション）を上手に活用している。

情報収集においては、自分にふさわしい技術をみずから開発していくのが、いちばん地に足がついたやり方であり長続きする。他人がやっている方法がどれほどよくみえても、それが自分にとってよいとはかぎらない。やはり、自分の性格と睨み合わせて、ムリなく情報収集できる方法をみつけるため、試行錯誤をくり返していくしかないように思う。

ここで留意すべきことは、あなたが教養や趣味で情報収集しても、それは単に安心感を買うためのマスターベーションにすぎないということである。少なくとも情報収集の意欲があるなら、そのエネルギーを気休めのために浪費するのでなく、もっと有効に活用すべきである。決め手となる生きた情報は、まわりから与えられるものではなく、みずからつくり出した目的に沿って、資料やデータにアタックし、それらを自分流に料理加工して得られるものである。

こうして得たとっておきのネタを、なんらかの情報通と思える人に進んで提供し評価させていって、さまざまな情報キーマンと相互扶助条約を結んでおくことである。自分の知らない情報を握っている人間に対しては、だれでも一目おくものであるので、そういう人間心理をわきまえておくことも、考えようでは自己ＰＲ術のひとつとみられよう。

●知的武装はムダをすればするほど身につく

それでは、どのようにして一目おかれるような知的武装を身につけていったらよいのだろうか。最良の方法は、ムダが生むプラスを大いに活用することである。いかに多くのムダを糧にするかが、「人間の値打ち」を決めているからだ。

若い時分から読書のムダ、人づきあいのムダ、よろず体験のムダといった洗礼を受けている人は、教養人としての評価を得やすい。教養というのは、いかに多くのムダをしてきたかという証左であって、ムダの累積によって身につくものである。しかも、とっておきの情報というのは、教養の程度を具体的に表わすバロメーターでもあるのだ。

豊かな情報を持つ教養人として、みずからを一人前に磨き上げるためには、ムダな時間を費消し、ムダな行為を大いに実践してみなければならない。ことに、人間関係を円滑にとり運ぶには、教養の深さがモノをいうだけに、ムダという知的拡大再生産の手段を活用することが大切である。

率直にいって、仕事はそつなくやって百点満点かもしれないが、ムダを感じさせないような人であったら、味もそっけなく、なにより温かみをまったく欠いているように見受けられる。人間味がないというか、警戒心が強すぎるというか、すんなりと相手の心のなかに入っていけるようなスキがないので、とても窮屈である。ただひたすら生存競争に打ち勝って、生き残るための手段を得るために目をギラギラさせて、獲物を求める動物に似ている。およそ知的権威には程遠い、単なる仕事人間にすぎない感じだ。

こういう人は、結局やるべきことをその適切な時期におろそかにしておいたツケを、後になってたっぷりと払わされていくわけである。とりわけ人間の価値というのは、感性豊かな年代である二〇代から三〇代にかけて、自分の生きざまを見直すきっかけを与えてくれる書物や人物に、どれだけ多くめぐり合うことができるかによって決まってくる。

こうして積み上げていく体験学習の累積が立派な教養となって、情報通のトレードマークづくりにたいへん役に立つことはたしかであるだろう。

⑤ 「遊び感覚」が仕事上手になる近道

●ゆとりを上手にひねり出す人は仕事も上手

ＥＱ型人間は、ゆとりを生み出すのが上手である。自分をつくるためにゆとりをひねり出す、そんな工夫をつけるのがうまいということだ。事実、ゆとりを上手にひねり出す人ほど、仕事のやりくりに長けているものである。

心のゆとりは、時間的余裕（余暇）があって持てるものだけに、余暇を生かして、どれだけ自分を遊ばせることができるか、その仕掛け能力が人間性の幅を広くしたり、あるいは狭くしたりする媒介変数として働くことになるのだ。

したがって、仕事一途の人間であることはその生真面目さを評価できるとしても、ただそれだけのことでは、いかにも人間の幅が狭い。すなわち、他人がなにか働きかけをしてみたくなるような人物――一緒に仕事をしてみたい、つきあいたい、といったような積極的関心を抱かせるにはちょっと物足りない人間とみなされていく。やはり、楽しくて、人を退屈させない仕掛け能力を持つ人間が、ゆとりを上手にひねり出せるのであろう。仕事人間であればあるほど、そのビジネスプロの意識を遊び心で包みこんでいく感性がほしいと思う。だが、このようなゆとりある感性を持つビジネスマンが、意外と少ないことに驚かされるのである。

いまや技術革新のおかげで、単純な専門技術はほとんど機械が代行していく時代である。その現実をわきまえないでいて、仕事だけにとらわれていたりすると、肝心な人間らしさを失い、単なる人手とみなされ消耗品扱いにされてしまいかねない。人間らしさをとり戻すには、とりわけ〝遊び感覚〟が必要である。ちょうど振子時計の振子のように、片やたっぷり仕事をやってのけたら、もう一方では思いきり遊んでみる、といった具合でバランスよく振れていって、はじめて人生のよい時を刻むものなのだ。

●落語名人古今亭志ん生は、遊びも名人だった

どちらか一方のバランスが崩れていたりしたら、人生の針は決して動かない。ここのところをその道のプロはどうバランスをとっているのだろうか。落語家の古今亭志ん生は、生前達人といわれていたが、その芸はまことに思いのままに演じ、わざとらしさがなく完璧であった。志ん生の生涯は、伝記によると波乱万丈であって、飲む、打つ、買うの三拍子そろったその遊び方はすさましいばかりだったようだ。落語界でもおそらくこれだけ充実した余暇を過ごした人は、他にはいないだろう。

ところが、志ん生は一貫して落語という自分の本業を忘れることなく勉強し続けたという。師匠から破門され、いつ復帰するかわからない逆境のときでさえも、本業の精進は怠ることはなかったようだ。

この志ん生の生き方は、ビジネスプロにとってもいろいろと参考になることだろう。

今日では、ビジネスマンの余暇の過ごし方は千差万別で、きわめて多彩になってきている。帰宅前にちょいと一杯というものから、ギャンブル、スポーツ、旅、園芸、レクリエーション……などいずれもおのれの生活を豊かにする糧であるのはたしかだ。その意味からいえば、余暇はこれからますます重要性を増していく。

だが、余暇を意義あらしめるのは、あくまでも本業あってのことである。なぜなら、遊びというのは、まず第一に計画されている「日常」からの脱出であり、第二には緊張と強制からの解放である。したがって、本業に没入していないかぎり相対的に心から遊ぶ喜びを味わえないはずである。ところが、近ごろの余暇ブームに便乗してのことか、余暇の充実が仕事の前提であると口実をつけて、本業よりも余暇のほうを、気持ちのうえからも重要視しているビジネスマンがふえてきているが、いかにもバランスを欠いて、本末転倒している感じである。

あれだけ遊んだ志ん生が、結局最終的には名人上手と評されるようになったのは、それだけ自己に厳しく本業に精進して、たゆまぬ努力を続けてきたことが大きな理由であったのだろう。

●遊びを次のステップへのエネルギーにする

よく遊ぶ者は、自分に対してよく闘う者であるといわれる。すぐれた経営者や名医が、多忙であればあるほど遊びに打ちこんでいくのは、それによって緊張状態にある心とからだが、ゆったりと解放されるからである。昔から「よく学び、よく遊べ」といわれるが、自分の仕事を愛し、働くことにやりがいを感じているからこそ、よく遊ぶことで心のバランスをとり戻し、さらにうまく仕事をとり運ぶように努めているのである。遊ぶことで息抜きをはかり、次のステップに仕事を進めていくためのエネルギーの補充をしているわけだ。

たしかに、生活の節目として遊びが果たす役割はきわめて大きい。ただ、どこにその節目をおいたらいいのかわからずに、中途半端な遊びで終始してしまっている人が意外と多いことも事実である。

実際、だらだらとのべつまくなしに仕事をしている人の場合、たまに時間ができたからといって、いざ遊ぼうとしても、どう遊んだらよいのかわからない。なんとはなしに時間を過ごしてしまう。たとえボケッとした時間やブラブラした時間を過ごしたとしても、その時間が、次のステップに踏み出していくための自分流の助走であるなら、それなりに意味のある時間の使い方である。ところが、なんのために仕事をしているのかその目的意識が明確でないために、遊びのノウハウを会得できないでいるのだ。

ビジネスマンなら、仕事が終わると一杯やりに行くことが多い。仕事がうまくいったといっては飲み、失敗したといっては飲む、といったように口実はなんとでもつけられるので、飲む機会には事欠かないわけだ。だが、こんなのは遊びとはいえない。

酒とどうつきあっているのか、その接し方いかんでオフタイムの活性剤になるどころか、精神衛生にも悪く、わが身を痛めてしまうことにもなりかねない。ことに近ごろは、週休二日制の普及でたっぷりと自由時間があり、たいへんに恵まれているようにみえる。ところが、現実のビジネスマンの姿からは、ゆとりらしいものを感じとることができることがめったにないのだ。それはおそらく、日常の生活サイクルを展開させていくうえで、仕事のなかに遊びが入り、遊びのなかに仕事が入ってしまう、ケジメのない生活をしているビジネスマンが多いからであろう。

その原因を考えてみると、仕事の仲間あるいは取引関係先の人たちとしか、つきあっていないことがあげられる。

●遊びが人の幅を広げる！遊びでも人を選べ！

遊びにもいろいろあるが、いつも身のまわりの人たちとばかり遊んでいては、遊びの広がりもなくなってしまう。思いきってちがう人間と遊んでみることである。ＥＱ型人間の遊びは、そのような遊びを心掛けていて、なるべく仕事とはかけ離れた、おのれの精神を遊ばせてくれるような利害関係のない人を選択している。

「どうせ遊びじゃないか」といい加減にやらずに、「遊びだからこそ真面目にやる」という姿勢のほうが、心ゆくまで遊ぶことができると考えているので、一緒に遊ぶ人の選択を仕事の領域外の人たちに求めていくわけだ。そういうことになると、人間関係が拡大していく副次的効果も得られることになるだろう。

したがって、このような好結果が期待できることからみて、ＥＱ型人間は、プロがそうであるように遊びと本業とは同じ振幅を持って動くものと自覚している。こんなバランス感覚があるからこそ、ＥＱ型人間に対する人間的評価が、さらに高まるのも当然の成り行きであるだろう。

実際、遊びというのは、本来人間的な幅の広さ、豊かさ、そして心のゆとりを、遊びの行為を通じて自然に養成していくべきものである。その結果、人は人間的な味を加えていく。遊びの原点はまさにここにあるのだ。「遊ばぬ者に人生はない」と説く先人もいるが、たしかにその人の人生を感じさせないような人は、無味乾燥というか豊かな情感が滲み出てこないので、いつの間にかまわりから飽きられてしまうということを銘記しておくべきである。

⑥　脱「タイム・アニマル」の勧め

●時間を厳しく管理するのも問題だ

どんな分野でも成功者とみられる人は、若いころから「時間」という不思議なモンスターを、たいへん上手に馴らして、正しく使いこなせるまでに自分のものにしてしまっている。そのへんが時間の奴隷に成り下がってしまい、なんともゆとりのない感じの人生の先輩たちと、大きくちがうところである。

実際、本来慈しんで大切にしていくべき〝とき〟というものを、無味乾燥な〝あわただしさ〟にしている人がきわめて多いことは、時間管理について、なにか誤解があるのではないかと思うほどである。たとえば、経済の法則を人生の法則に置き換えて、おこがましくもすべての時間を合理的に、しかも、厳しく管理していこうという考え方がある。

タイム・イズ・マネーの発想はその典型だろう。この考え方で時間を追いつめていき、この時間観に固執するならば、時間によって逆に復讐される破目に陥ることになりそうである。高度成長時代がそうであったように、利潤のために時間を追求する権化としてのタイム・アニマルが出現してきそうな気配である。

それほど時間とは、一面的な価値しかないものであろうか。それほど人生とは、合理性が大切なものであろうか。人間なんて本来、非合理で混沌として矛盾だらけの生物ではないのか。その特質が失われて合理性だけが目立つ人間は、少しも人間らしく感じられないのである。ＥＱ型人間は、そのように人間性が喪失するほどまで、時間を厳しく管理してはいない。

むしろ、時間を愛するような形で、人生の合理、非合理を巧みに使い分けているものである。いい換えれば、時間にこだわりすぎている人物は、艶と潤いがなく、かさかさに渇ききっているようで、人間としておよそ魅力を感じさせない存在である。

●人生のタイム・スケジュールをつくる

それでは、人間らしい持ち味を持って、しかも満ち足りた一日一日を生きるためには、時間をどう捉えていったらよいのだろうか。時間は、自分の生活全体を支えてくれる材料として愛すべきものである。したがって、時間を浪費することは支柱を失うことであって、自分という人間のバランスを崩してしまうことになりかねない。時間を金銭以上に大切なものと評価し、それをうまく生かす人間だけが、潤いのある生活を実感できるのである。

時間と対決していく感覚であるうちは、常に時間的経過のみに捉われていて、納得いくように仕事もできないであろうし、肝心の人生タイム・スケジュールすら主体的に作成できないことになるだろう。

ちなみに、人生タイム・スケジュールを年代別に目標設定してみた場合、二〇代にヒトマネをして自分を磨き、三〇代ではヨコ歩きで行動半径を広げていって、同志の発見に努めたり対外交渉術を学ぶ。そして四〇代以降は、自分の生涯テーマの方向づけを明確にするとともに、対人関係を洗い直し整理して、ビジネスマンとして残り少ない貴重な時間とエネルギーを、浪費しないようにひらき直って生きていく。まずこんな具合に、おおまかな基本設計を決めておいて、自分のペースで時間を友だちにして生きていくように心掛けてみる。

そこでまた、仕事についての捉え方、やり方といったものを、自分なりにはっきり確立しておくことも大切である。そうでないと、生涯の間に「これこそわが仕事」というような、本当に仕事をやった満足感を味わえないことになるだろう。サラリーマンの多くは、いわれたことを当たり前にやっていればいい、と考えている。それではあまりにも面白味がなさすぎる。

●ワークとレーバーのちがい

企業環境の厳しい今日、従来どおりのやり方を一〇年一日のごとくくり返していたのでは、会社も自分も伸びていかない。自分の頭があるのだから、つねにそれを使って、仕事のやり方になにか新しいことを考える必要がある。それにはまず、あなた自身のコチコチになっている仕事観をあらためることが肝心だ。近ごろは、社会に出て仕事をするというのは、生活費を手に入れることだけが目的だという人が多いようだ。

「なんのために働いているのか」と問われて出てくる答えは、そんな人の場合「生活のため」ということになる。はじめはそうであっても、そのままであっては働くことに生きがいを感じるとか、仕事を愛するとかいった境地とは無縁になるだろう。

本来「仕事」には、ワーク（Work）とレーバー（Labor）の二種類がある。この区別は、働く人がその仕事に喜びを感じるかどうかということにある。すなわち、喜びとかやりがいを感じる仕事がワークであるのだ。

あなたの仕事は、ワークなのであろうか、それともレーバーのほうだろうか。もしも、「仕事は定時で終わるもの」という感覚で日常の仕事に取り組んでいるとしたら、それはさして喜びのある仕事ではなさそうだ。本当に充実した仕事をしているならば、時間なんてそれほど意識しなくなるものではないかと思う。

ところが、現実には働く時間をいかに短縮させていくかが、ビジネス社会の当面の課題であったりする。そのため、いまや働くことが美徳ではなくなってしまったような、そんな錯覚に陥るほどである。働くこと自体が悪いのではなくて、喜びのない働き方をしているのが悪いのだ。

仕事そのものを、時間というワクのなかにムリに押しこめてしまおうとしている。だが、時間で測られるような仕事なんて、たいした仕事であるようには思われない。経験的にみても、よい仕事をなし遂げていくには、たいへんな時間が必要なのである。子育て然り、料理でもおいしい味をつくり出すためには、長い時間をかけて煮るとか仕込むとかいった手続きが必要だ。

同様に、男でも女でも仕事に燃えているときには、道を歩きながらも、食事中であっても、頭の片隅でいつも仕事のやり方を考えているものなのだ。少なくとも自分でなければできないというもの、他人に取って代わられることのない値打ちを自分に持とうとする。これが、ＥＱ型人間に共通している「仕事観」である。

●ＥＱ型人間の一味ちがう「仕事観・家庭観」

このような考え方をベースにして、自分流のやり方で仕事を楽しむコツをつかんでいく。そのやり方の基本はあらためていうまでもなく、プラン（立案）→ドウ（行為）→チェック（点検）という三つの手続きを、つねにくり返しながら仕事をすることであり、そのプロセスのなかにほんの一滴〝自分流〟を添加していけば、それなりに仕事を楽しんでいけるだろう。

こんな心構えが身についてしまうと、ビジネスマンの場合、拘束された勤務時間から解放されても、本人自身の仕事が終わっていないことが多い。帰宅しても仕事のことを考えている。そのために、ＥＱ型人間の多くは、家庭で喜ばれるような早帰り亭主になれないかもしれない。だからといって、そういう人たちが家庭を愛していないと思うのは、大いなる誤解である。ただ、その表現のしかたが、マイホーム主義者のようなやり方とはちがうのであって、まずは家庭の中心にどっしりと腰を下ろしている仕事人間がいて、そんな大黒柱の後ろ姿をみながら、妻や子供たちが自分たちのそれぞれの役割を果たしていく――そんな構図が、ＥＱ型人間の家庭に共通してみられるものであろう。

仕事を愛する自分を全うして生き抜くことが、自分を幸せにすることであり、また家族をも幸せにしていくという、確固たる信念がそこにある。ゲーテのことばにも、「世間のためになにかをなしてやろうと考えるならば、世間の手に落ちないように注意しなければならない」とあるように、世間がこうだからといって、その尻うまに乗ったり、自分の仕事を全うするのを怠るようなことは、ＥＱ型人間はしないものである。

それなりのビジョンを持って仕事をしている人間は、その仕事観が確立しているがゆえに、時間を人に奪われるがままになっていることはない。つまり、一度しかない人生で、いちばんとり返しのつかない財産である時間というものを、いたずらに浪費するようなことを避けていく。たとえば、自分がそこでなにもなす余地がないような問題や話題には、極力タッチしないように心掛けているのだ。

そうであれば、生まれ持った才能の一〇分の一も発揮できずにビジネス人生を終えてしまう悲哀を味わうこともなかろう。男なら〝自分の可能性〟を、時間を浪費せずにもっともっと追求すべきではないだろうか。家庭を大切にしたいと思うなら、ますますビジネスの場で敗れることは許されないはずである。

5章　ＥＱ型人間のコミュニケーション法

①　自然流で心の窓を開ければ、どんな人とも本音で話せる

●初対面の人の心を開かせるコツ

筆者の仕事場はヒューマンハーバー（人間の出会いの港）といわれていて、さまざまな職業の人たちの出船入船がある。そのなかでは筆者と初対面の人も少なくないが、いつもなんの先入感を持つことなく、白紙の状態で相手と接するように心掛けている。そのせいか、初めて顔を合わせるぎこちなさもほとんど起きる間もなく、すんなりと会話に入っていける。

対話というのは、相手がちゃんと聞いてくれると、話すほうもうまく話ができるものである。面白く楽しい話をしているときは、〝ホント楽しいことなんですねぇ〟という気持ちをにじませて、聞き手のほうに対話をエンジョイしている姿勢をみせると、話はどんどん弾んでいく。嬉しいときは嬉しい表情をして聞くというように、構えずに自分の気持ちを素直に出していくことが、相手の心の窓を開けることになるのだ。

相手からバカにされまい、だまされまいと斜めに構えていると、相手もその気配を察して決して心を

開かないし、ぎくしゃくとした会話になってしまう。心を武装されてしまっては、相手のホンネを知るすべがない。色メガネをかけて相手をみると、その色にとらわれてしまって、素直に相手のことばを受け止めにくくなるものである。だから、心の持ちようは、その人の表情やしぐさに現われ出やすいことを、よくわきまえておく必要があるのだ。

多くの場合、人は自分の言動が相手にどう受け止められていくのかと、かなり気にしながらしゃべっているものである。そんな懸念をまず相手に与えてしまわないようにふるまうことが肝心だ。そこで筆者は、「相手がこちらをだます気なら、一度はだまされてもいいじゃないか。万一だまされたところで生命には別状あるまい」と思って、人と接するようにしている。同じようなだまされ方を、二度とくり返さないように注意すればよいだけの話である。

そうするとおおらかな気持ちになってしまうのか、人と接する態度において、構えた堅苦しさを相手に感じさせることはまったくないようだ。むしろ、逆に好印象を与えていくようで、相手は素直に耳を傾けるこちらの姿勢に、一種の安心感を抱いてしまうらしい。たしかに、ひとまず相手に信用されたな、と思えることは嬉しいもので、その喜びがまた、相手を好ましく思うことに結びついていくのであろう。

したがって人と接する際には、心をオープンにして、構えずに自然体でいくのが、なによりムリがなくていい。そこで、嬉しそうにしゃべる相手の表情をみながら話を聞くのも、精神衛生によいものである。おのずと口元もほころんで、微笑みを浮かべるようになるはずだ。

●要注意、笑顔も時と場合

ところが、この順序が逆になってしまうようでは、いかにもまずい。よくいわれるように、最初からにこやかな表情で人と接するのがいい、という考え方にこだわって笑顔をつくって会話を始める人がいるが、時と場合によっては、たいへん無礼な印象を相手に与えてしまうこともあるのだ。当の本人は、その場の雰囲気をやわらげるつもりで笑顔をつくるのであろうが、その笑顔でコミュニケートするしかたが問題なのである。

欧米では〝あなたに敵意はありませんよ、好意でいっぱいですよ〟ということを、笑顔で伝達する習慣が定着しているが、日本人同士の場合は、複雑なニュアンスが笑顔に出てきやすい。たとえば、とってつけたような笑顔には、おもねり（迎合）、軽蔑、皮肉、卑屈、小バカ……といった要素が含まれていて、相手によっては反感を買うこともある。

そもそもが、構える心のヨロイを脱ぎ捨ててしまうような心的状態がこちらにないと、相手が好意を寄せてくれそうなぬくもりのある「微笑み」になっていかない。つまり、斜めに構えた心の武装が、結果として素直に相手のことばを受け止めにくくなり、信用することもできない。こちらが信用しなければ、相手のほうだってこちらを信用する気になれないのは当然だろう。まずはこちらから心を開いて、頭から相手を信用して対応してみることである。

その心のあり方さえきちんとしておけば、相手もきわめて自然でオープンな気持ちを持って対応してくれるもので、お互いの年齢や職業を超えて心を通い合わせることはたやすいし、すばらしい対話が楽しめることだろう。

●地位や肩書に圧倒されない人間同士の会話をするには

そこで、構えからくる心のカベについてよく経験することだが、年長者や社会的地位の高い人に出会った際に、相手の立場や肩書を意識しすぎて、コチコチに緊張してしまうことがある。多忙な時間を割いてもらって折角会うことができたにもかかわらず、雰囲気に圧倒されてしまい、タテマエの話だけで終わってしまうのは、あまりにももったいないことだ。

たとえば、世のなかには先生と呼ばれる人の数も多くなって、このことばの値打ちも安っぽくなってしまったが、「先生！」と相手に声をかけた瞬間、あなたはもう生徒の構えに入っていて、みずからをその立場に追いこんでしまっているわけだ。そうなると、あなたは一生徒になった気分で、相手の一方的な話を聞かざるを得ない。それではホンネの話が出てくる余地がなくなり、タテマエの会話に終始する結果となってしまう。それが、「○○さん！」と敬意をこめて、相手の姓をサンづけでいうならば、お互いの地位、肩書にはこだわらない一個の個人としてモノをいうことになるので、すんなりと人間らしい会話に入っていけるのである。

地位肩書で呼ばれることを好む人種については、相手がその構えをとり外さないかぎり、距離をおいた人間関係にならざるを得ないだろう。実際、対等の立場に立ってキャッチボールすることで対話そのものが生きてくるのにもかかわらず、わざわざ心のカベをみずから築き上げてしまうような人がきわめて多い。

相手だって先生にされてしまったら、先生らしい言動をしないとサマにならないし、生徒の立場になった側では、先生の話をごむりごもっともの感じでつい受け止めて、右から左の耳へ話は通り抜けていくことだろう。よい話を聞かされても、自分の問題として心にひびかせるような、そんな受け入れ態度ができていないと身についてこないものなのだ。

自分自身で心のカベをつくるようなことをしないで、どんな場合にも自然体で対応できるよう努力することは、柔軟な思考とバイタリティのある行動を創造する原動力を生み出していく。構えずに自然体でいるのがベストであるということである。

そこで、会話の口火の切り方にひと工夫してみる。ことばの第一球を、お知恵拝借型の質問にすると効果的だ。内容は相手が関心ありそうな問題か、日ごろ自分が興味を持つテーマを取り上げて「こんなことを考えているんですが、どう思われますか」と第一球を投げるとよい。相手は自分の問題として受け入れやすく、役立つ話ができることに喋る快感を覚えるものである。

② スマートなユーモリストは人を見方にする

●クラブのママの「福の神」の人間関係とは

「なにより自分で楽しんでいらっしゃる。まるで生きているのが楽しくてしょうがないという感じ。その気分が自然にまわりの人たちにまで伝わってきて、いつのまにか引き付けられてしまうのよね。それはもう、自分のいいたいことをポンポンいって、私たちばかりか自分のことまでからかって笑わせてくれる。でも、そのいい方がちっともいやらしくないの。ネアカなんでしょうね。だから、話していて全然疲れないのかも……」。これが、人をみる目に長けたベテランママが解説する〝福の神〟の人間像である。

クラブの常連客のなかには、客が客を招いて好循環の引き金となる人物が存在するという。そんな人物に共通する特徴をママはうまくまとめているが、こんなふうに人に思われるには、相手の心に余裕を与えてやらなければできることではない。本当はマジメなんだろうが、スキというかどこか抜けている部分でもって、そのマジメなところをそっと包みこんでいるから、そういう人物にはほのぼのとしたものを感じるのであろう。

この気分は、マジメさだけがとりえの杓子定規に生きている人からは、決して得られないものである。だいたいが、冗談やユーモアひとついわずに仕事ばかりやっていて、他人に心を許すこともしないようでは、人生をとても堅苦しく考えている印象を与える。したがって、そんな人と接すると息苦しくなってくるので、結局は敬遠してしまいがちである。その点、気疲れを感じさせないような人は、相手にスキをみせて場の空気をなごませるので、ユーモリストだなと納得させられる。

このユーモリストというのは、冗談やユーモア感覚を人間関係の潤滑油として活用している人物のことである。幸いにして、人間だけが笑うことができるし、ユーモア感覚を持ち合わせている。動物にはユーモラスな動作はあってもユーモア感覚はないのだから、この人間固有の感覚をもっと生かして、人から愛されるようにふるまうべきではないだろうか。

●「さわやかな冗談」という潤滑油をつくり出すには

そこでまず、「男は度胸、女は愛きょう」という通説があるが、男にも愛きょうがあってもいいじゃないか、またそのほうが、まわりのムードを明るくしていくはずだという考え方がある。たしかに、愛きょうこそ、手っ取り早くネアカの印象を人に与えていくのに、効果的な生活技術は他にないかもしれない。そのうえ、人を楽しませる冗談やユーモアをいえる技術を身につけたら、どんな職場でも歓迎されるし、明朗な人間性と頭の回転の速さとで好印象を与えていくものである。そして冗談というのは、人間の行動を支配する武器にもなりうるくらいの強い力を持っている。だから人を魅惑する手段としてたいへんに役立つ。

そんな冗談をいえるコツを学ぶには、日ごろから冗談の養分となる下地づくりに励むことが必要である。一例をあげれば、新聞、雑誌の囲みとなっているコラム欄を熟読することである。コラムというのは、記名無記名を問わず、書き手がたいへん苦心して、短い文章のなかにテーマのエッセンスを盛りこもうと努力した結晶である。つまり、ふつうのベタ記事と違って、それだけ集約された内容が小さなスペースに含まれている場合が多いのだ。したがって、冗談のネタとなるキーワードや知的会話の素材を、コラムのなかに数多く求めやすいのである。

事実、気の利いた冗談をいって人の心を捉えるには、ユニークで新鮮なネタでなくてはならない。ファッション感覚のあることばで、冗談を磨き上げていくセンスが求められているともいえよう。昔ながらの駄じゃれを乱発して相手に苦笑されるよりも、最新のことばを駆使して楽しい笑いを巻き起こすネアカムードのほうが、つきあいの潤滑油としての効果が抜群に上がるだろう。

さらに、T・P・O（時・場所・場合）をわきまえて冗談をいうのが、効果を発揮させる秘訣である。肝心なのは、ゴテゴテとアクセサリーをつける感じでことばを多くするよりも、現代ファッションにふさわしく簡潔なワンポイント・ジョークを心掛けることである。

●ユーモアとは「自分で自分を笑う」ことができること

ところでユーモアについてだが、人間研究に造詣が深い評論家河盛好蔵氏が見事に解明してくれている。すなわち、ユーモアの本質は、人間の愚かさ、バカらしさを自分自身を材料にして笑う点にある。たとえば、ひどく自尊心の強い男に、自分を中心にすべてが動いていると思う傲慢さを気づかせようとして、「お前はバカでこっけいだよ」という代わりに、自分自身を材料にして、その男が他人の目にどんな風に映っているかをみせて、思い知らせてやるのがユーモアであるという。

したがって、ユーモアを解する人、ユーモアの感覚を持っている人とは、他人が自分を眺めているのと同じ目で自分を眺めることのできる勇気と知恵を持つ人のことだと定義づけている。たしかに、人間なんてナニサマでもないのだから、自分で自分を笑う、あるいはからかう心の余裕があれば、他人から笑われたところで気にならないし、それどころか、逆に相手を笑い飛ばすこともできるはずだ。

人間関係がぎくしゃくしてくるのは、たいていこの余裕と寛大さがないために起こる場合が多いことからも理解できよう。とかく日本人は、しゃちほこばって堅苦しいことの好きな傾向が強いし、そのうえ、日常の自分自身の不合理な生活ぶりをタナに上げて、他人の欠陥を突いたり正義をかざしていこうとする。こんな自分だけを偉くみせようとする連中のザマをみるにつけても、ユーモアに乏しいことを痛感する。

事実、われわれのユーモアの実態は、「ことばで人の精神をくすぐる技術」にとどまっていることが多いのではあるまいか。せめて、他人の愚かさを笑う前に、まず自分の愚かさを笑うことから始めるぐらいのゆとりを持つように心掛けてみる。そこから、つきあいをなごやかにしていくユーモアが、自然に湧いてくるものである。

しかも、自分を第三者の目で眺めるこのゆとりが、ユーモアを効果的に生むようになって、自分のなかから正攻法ばかりでなく変化球を引っ張り出していく。事実、直球ばかり投げていてはダメで、直球のなかに適当にカーブを交ぜておかなければ、すぐに打たれてしまうだろう。緊張して構える打者の気持ちを巧みにそらす技巧派であるのも、実力を高く評価させるテクニックであるのだ。〝してやられた〟という感じを、持ち前のユーモアで与えることができたら、相手は楽しくシャッポを脱いでくれることだろう。

●一つのユーモアは百万言にまさる

たしかに、「優れたユーモリストこそ、社交界のベストドレッサーだ」といわれるが、時として〝福の神〟に思われてしまう。それというのも、ユーモアを生む技術があると、人を引き付けていくばかりか、いち早く相手を味方にしてしまう魅力がついてくるからである。

ユーモアをいうつもりが、単なる駄じゃれになってしまうと、その内容によっては品性を疑われてしまいかねないが、相手に優越感を感じさせるようなユーモアであれば申し分ない。だがそれも立て続けに連発しては、相手をシラケさせてしまう。とくに、他の人が同席している場合は適当な時機に切り上げて、他の人にベストドレッサーの役を引き継いであげることだ。舞台を独占しないでやめる潮時を知るべきである。

もしもいい足りない感じがするときは、適当な間隔をおくことであって、いずれにしてもピリッとわさびを利かせるには、簡潔に短く語るにこしたことはない。利口な人は、数少ないことばできわめて多くのことを語るが、愚かな人は、百万言費やしてなにも語らないという。心ある人はこの箴言をよくわきまえていて、ことばを日光のように凝縮させていく。

すなわち、相手の心のなかにこちらのユーモア感覚をホットに焼きつけるには、「ひとつのユーモアは百万言にまさる」ことを銘記して、簡潔かつスマートに語ることである。

③　人の心をつかむシャワー感覚とは

●ギブ・アンド・ギブというシャワーの効用

ギブ・アンド・テイクということは、ビジネスの世界では当たり前のことだが、そのことばのスマートさに眩惑されて、人間関係もそれでいこうとすると、必ずカベにぶち当たるし、うまくいかない場合が多い。

人間の心には、感情というきわめて御しがたいモンスターが潜んでいることを、忘れてはいけない。つまり、人に与えることをしないで、何事であれ人から奪うことのみ考える人は、つきあいをしても長く続くことはない、というわけである。そんな人は、友人というよりは自分本位の功利主義者であるだろう。

事実、人の好い善人であっても奪われることは苦痛であるし、いつでもそうさせていないからである。つきあいの達人は、そういう人間心理を肌で感じて知っているので、つね日ごろ自分のできる範囲のことを、ギブ・アンド・ギブしているものなのだ。どんなことでも、相手にとって役立ちそうなことを、まず与える喜びに徹している。それによって、相手から対価を得るなんてことはまったく念頭にない。いわば計算のない純粋な好意シャワーである。

この好意シャワーを仕掛けることで、あなたが触れ合った相手が、見方にしていきたい人であるのかどうかよい判断を得るという、思わぬチェック機能を果たすことがある。事実、ギブ・アンド・ギブのヒューマンシャワーを浴びせられて、心ある人なら、その好意に対してそのまま頬かぶりをきめこむようなことは、絶対にないといってよいだろう。

●好意のシャワーこそ人間関係をよくする基本

「シャワー」ということばのなかには、〃贈り物など惜し気もなく施す〃とか〃愛情をあふれるほど注ぐ〃という意味もある。このシャワー感覚が、日ごろの生活行動にあれば、どれほど人間関係がうまくいくことかと思うのだ。

世のなかにはペットや庭の草花・盆栽といったものには過剰なくらいに愛情を注ぎ、大切に飼育している人がいる。その一方で、人間に対しての愛情のほうは大丈夫かというと、首をかしげたくなるようなケースによくぶち当たる。動植物に対して豊かな愛情を示す人であっても、なぜか人間関係をぎくしゃくさせている人が意外と多いのである。

それは、動植物は人間の愛情に素直に反応するが、人間の場合は素直にいかないからかもしれない。実際には人間を愛する情というものを、それぞれの心のなかに持ち合わせているのかもしれないが、それにしても、その愛情の表現技術があまりうまくないことは、日ごろ痛感しているところだ。少なくとも、お互いのからだのなかに人間の血が流れているのなら、その血がお互いに交流し合えるように、好意のシャワーをかけ合っていくのが、つきあいのルールであろう。

その基本ルールすらわきまえないで、人間関係をよくしていこう、味方をふやそうといった具合に欲をかいても、結局は現状から一歩も踏み出すことができないのである。つきあいのルールのなかでとくに大切なことは、ひとりの人間として総力をあげて、人に対応していく基本姿勢を持つことである。つまり、人間が好きで好きでたまらないというような、人間好きの情熱を持つひとりの人間として、相手に接していくことである。その効果的な方法としてシャワーがベストであるように思う。

日ごろのつきあいにおいて、相手に自分をＰＲしようという気にはやり出すと、どうしてもあの手この手という具合に、小手先芸のテクニックを弄する傾向が強くなるが、それよりもまず、シャワー装置を全開させて、あなたのシャワーをたっぷりと相手に浴びせてしまうのだ。恋をすると相手の歓心を買うために、どんなことでもしてあげたい気持ちに駆られるものだが、ちょうどそれと同じような感覚で、あなたの情熱を相手にふりかけていくことである。相手に尽くしたい気持ちを態度ではっきり示していって、相手の気持ちを獲得しておく。

自己PRを価値あるものにしていくには、なにはさておいてもこの前提を、きちんとしておくべきことを強調しておきたい。

EQ型人間のやり方は、あれこれ策を弄して自分をPRしていく以前に、まず相手のハートを射止めて、全体の人間像そのものに好感を持たれているために、それからのPRは順調に効果をあげることができるわけである。ことばを替えていえば、接する相手にシャワーを注ぐことは、ラブ・ミー・コールをして、それまでは相手の頭のなかに存在しなかったこちらのイメージを、あらためて植えつけていく求愛行動に他ならない。

●提供するシャワーの中身とルール

ここまで理解できれば、おのずとシャワーの中身がどんなものであればよいのか、おおよその推定がつくはずである。相手の求めるものがわからないうちは、自分の経験におきかえていって、人からなにかされて嬉しかったことを、こんどはあなたがしてあげればよいのだ。

シャワーを浴びせていくのに、むずかしい理屈は一切必要ない。あなたの相手を思う気持ちに素直に従って行動すれば、それだけでも、受け皿の大きい情感豊かな相手であれば、あなたのシャワーを嬉しそうに受け止めてくれるものである。口先でなく具体的な行為で示していくことが肝心なのだ。からだを使うことがおっくうでなければ、相手の手足になって動いてみせるのもよい。ほしい情報をなんとか探し出して届けるといったような、メッセンジャーの役割を果たしてやるのも、相手が多忙な人であれば喜ぶだろう。ひとついえることは、頭のなかで考え出したシャワーの中身よりも、皮膚感覚でつかんだ知恵を働かせて、からだを使ってのシャワーであるほうが、相手の喜びがはるかに大きいということだ。

ただ、ここで留意すべきことは、自分を犠牲にしてまで、人にシャワーを注ぐようなことはしないほうがよいということである。なぜなら、自分すら大切にできないような人物では、他人の心を汲みとって、相手が大切に育てようとしているものに役立つようには、うまくシャワーを注いでいくことはできないからである。人にシャワーを注ぐからには、まず自分の生き方を大切にしていく心構えがあってはじめて、その人の注ぐシャワーに人を愛する情がこもっていくものである。

ＥＱ型人間とみられる人たちが、それぞれにすばらしい生き方を持ってそれを実践していけるのは、たった一度しかない人生を、いまよりもさらに充実して生きたいと心掛けて、日夜真剣に自分らしい生き方を模索しているからである。本当に自分を大切にしていくマインドを持つ人であればこそ、そんな生きざまが可能なのだと思う。

④　相手に期待をかけないからうまくいく

●孤独を感じるようでは、ＥＱ型人間にはなれない

多くのビジネスマンは、他の人と同じように生きていくという、画一化されたものに安らぎを見い出している。だが、ＥＱ型人間をめざすからには、自分はこの世にひとりしかいないということを認識して、どこに行こうとも、自分の信念に基づいて生きていくことを忘れてはならない。この世でただひとりのユニークな存在であり、孤独な存在であることの自覚が大切だ。事実、多くの人に囲まれていても、親しい人が側にいても、自分が感じたようには、相手は感じてくれない。

他人の喜びを自分の喜びとするのはたやすくできることだが、他人の悲しみを自分の悲しみとすることは人間修行の年季がいることだろう。それに、人それぞれに心の成長度はさまざまである。そのため、ある程度のところまでは人を理解することは可能であっても、結局は相手の表面の一部を知るぐらいのところでしかない。

それなのに、自分を相手に完全に理解させようと思って、空しい努力をしている人が少なからずいる。そういう人は、カベにぶち当たるとだれも自分を理解してくれないと不満をいいながら、みずから孤独

感をさらに深めていってしまう。「自分のことを他人は理解してはくれない。でもオレは負けないぞ」――そう思う人にだけ、ＥＱ型人間への道が開かれているのだ。

このように孤独であるという現実が変えられない以上、ＥＱ型人間になるためには、その孤独感をうまく日常の生活行動にとり入れて自分を鍛えていかなければならない。たとえば、他人には過度に期待しない、という考え方も重要である。強く期待すると、どうしてもその人を当てにしたり頼りにしてしまうようになりがちだ。

実際、人間関係のなかにギブ・アンド・テイクというビジネス感覚を持ちこんでくると、おかしな状況が生まれてくることが多いのである。それは、相手に期待をかけてやってみたことが、そのとおりの成果になって返ってこないことに、トラブルの原因があるからだ。あなたがA社のBさんに対して五のことをしてやったとしよう。その行為に対して、あなたのほうではBさんからの見返りを、五またはそれ以上を期待しているわけで、もしも五以下の対応しかなかった場合は、あなたとBさんとの間がギクシャクしていくようになる。

●期待や見返りを考えての行動は人間を小さくする

期待値に対する解釈のちがいで、両者の間柄がまずくなってしまうわけである。それにまた、あなたが企業経営者や管理職など人を使う立場にいたりするとよくあることだが、特定の部下に期待して、人一倍目をかけて面倒をみていく場合がある。そのこと自体はいいのだが、問題は、目をかけてやっていると思う感情が、心のなかに芽生えていることだ。

部下のほうでは、上司の思い入れほどには目をかけられているという意識はないのがふつうである。むしろ、そうしてくれるのが当然だとする感覚で受け止めているケースが多い。そのため、他から好条件で口がかかると平気で移ってしまう。そこで当の部下のことを、「あれほど目をかけてやったのに、人の行為を無にして……」と怒って、周囲にその怒りをまき散らしていくようでは、みずから男を下げているようなものであろう。

こちらの心情を、部下に理解させることはむずかしいとしても、お互いに心の橋を架け合うことはできるはずだから、つなぎはついている。そこで、部下が自分の意志でその橋を渡ってくるようであれば、温かく迎え入れてやればよい。そうでなければ、本人に意欲が出てくるまでそのまま放念しておくことだ。

つまり、部下にヤル気があってフトコロにとびこんでくるようであれば、大いにチャンスを与えることもするが、あえて期待をかけて、自分の気持ちをしばりつけないようにして、いつも自由な状態で行動しようと心掛けていくのが、自分に疲れることもなくてよいように思う。あなた自身がヒトに疲れてしまったらなにも始まらないのだから、相手がこちらを理解してくれないからとか、考え方がちがうからといって立腹するようなことは、絶対に避けてほしいことである。

こんな形での思惑ちがいは、上司と部下、親と子、男と女……といった人間関係において、しょっちゅうくり返されて起こっていることはたしかだ。そこでいつも思うのだが、相手に期待をかけていくから、裏切られるのではないだろうか。もしも、初めから相手の対応に期待をかけていないなら、こちらのやったことになんらの反応がなくても、裏切られた感情を抱くわけでもなく、お互いの関係に変化はない。

だが、一般通念として、たとえどんな形であろうとサービスされたことに対価を伴うのが当然だとする考え方がある。ビジネスの世界では常識とされていることである。だから、人間関係においてもかくあらんということで、その判断基準に立って事をとり運ぼうと考える。ここに、大きな錯覚があるのだ。

人間関係では、他の場合とちがってそこに感情移入が起こるから、計算どおりに物事が運ばれていかないのである。たとえば、あなたが打算的な考え方に立って、知人のＣさんを利用しようと高価なプレゼントを送り届けた。思わぬプレゼントを受け取ったＣさんの心情は、たいへん複雑であるにちがいない。あなたの期待に応えられるかどうかの不安がある、打算的な匂いに対する反応が出る、一方的なやり方にありがた迷惑な感情が起きる——という具合に、さまざまな反応がＣさんの心のなかに行き交うわけだ。それで、あなたの期待どおりの成果が得られなかったら、あなたはもちろん面白くないし、Cさんのほうでも不快感が残ってしまう。結果として、あなたとCさんとの間には大きな距離ができてしまうことになる。

●相手に受け皿が育っていないのに期待をかけるな

このようにみてきてもわかるとおり、人になにかの期待をかけるということは、一種の〝甘え〟である場合が多い。相手の思惑がどうであろうと、一方的に寄りかかっていくのだから、勝手に期待をかけられたほうは、たいへんありがた迷惑なことにちがいない。このように、自分の都合で勝手に期待をかけていく人たちには、共通した錯覚がある。それは、〝一所懸命面倒をみてやれば、こちらの期待に応えてくれるだろう〟ということである。

たしかに、なかにはその誠意に応えて期待どおりの動きをしてくれる人もいるだろう。しかし、実際にはそんな人の数はさほど多くはない。ほとんどが受け皿が小さいために、〝期待〟というミルクを大方こぼしてしまっている状態である。期待をかけられるほうでは、それぞれの立場での思惑があって、そう簡単には期待どおりに動いてくれないものなのだ。

「あれほど面倒みてやったのに……」といったような〝うらみぶし〟が多いのも、その証左であるだろう。したがって、人のためになにをするという発想ではなくて、自分が嬉しいから、あるいは楽しいからそのようにふるまっているのだと思えば、自分に疲れることもないばかりか、そこにすばらしい人づきあいの極意が秘められている。

まずは、自分ができることを与える喜びに徹してみる。そうやって、相手の心のなかにコミュニケーションが通じ合えるような〝かけ橋〟をかけておく。その〝かけ橋〟を、自分の意志でこちらに渡ってくるようになったら、そのときにはじめて相手に期待をかけても反応があることだろう。

そこまで相手の受け皿が大きく成長しないうちは、期待をかけずに淡々とつきあっていくほうが、かえってうまくいくものである。この辺の心理の動きをわきまえておけば、いらついてヤル気をそがれることもないだろう。

⑤　好印象を与える「対話しぐさ」を身につける

●バランスある「音声、話の中身、動作」で弾む会話ができる人

ＥＱ型人間のコミュニケーションのやり方で共通していることは、ボソボソ型が少なくて、対話にリズム感があり、「音声、話の中身、動作」の三位一体のバランスがよいということである。まず音声だが、

いわゆる美声ではないけれども、きわめてはっきりしていて、いうことの意味がよくわかる。ハリのある声というのだろうか、生き生きしているのでとても聞きやすいのである。これが早口であったり、本人だけがわかるような含み声でどんなによいことをいっていても、相手に半分も通じないようでは失敗だ。

次は、いうまでもなく発言の中身が肝心である。話題が多岐にわたって広がりをみせてもよいが、結果としてあと味のよい会話であることだ。会話のはじめから終わりまで、新聞や週刊誌のトピックスの受け売りであったり、家族の消息など身辺的なことばかりであっては、お粗末の一語に尽きよう。他の話ができないのかと、話し手の知性と教養の程度を疑われてしまうのである。やはり、聞き手の心になにかひとつでも残るようなことばなり、明るいムードがほしいところである。

事実、別れた後のさわやかさを味わえるのは、お互いが知的会話を交わし満足感を持てたときである。つまり、ことばのキャッチボールをしているなかに、自分自身のことばのボール数が多く含まれていることが大切であって、それはまた、その人なりの哲学というか、しっかりした価値基準を持たないと、心を打つ配球の妙を発揮できない。

中身の濃い会話というのは、そこで、多種多様な知識を得ることもさることながら、異なる価値観を持つ人に接したときに受けるショックと喜びが味わえる。その際、自分の考え方を口先だけ動かして相手に伝えようとしても、迫力にいまひとつ欠けるだろう。だれに対してもそうだが、おのれの心にあるものを人に伝えようとするときは、からだ全体でぶつかっていく感じがほしいと思う。

張りのある声、心に残る会話の中身を、相手の心に焼き付けていくには、効果のある補助的動作が必要なのである。だからといって、大げさなボディ・アクションをすることもないが、せめて、目、眉毛そして手の動作ぐらいはやってみるべきだ。相手の話が楽しく聞けるときには目のなかで微笑み、すばらしい話には眉を上げて感嘆する。そして心から納得できるときには、手で膝を打ちながらうなずいていく。手の届くところに相手がいたら、膝でも肩でもよいから軽く叩いていって、親愛の情を示すがいい。要は、その会話に乗っていることを、からだで表現していくことだ。

●人に好印象を与えるしぐさ（ボディ・ランゲージ）

アメリカの一流ビジネスマンは、ボディ・ランゲージ（身体言語）をよく勉強している。それは、自分のからだの動作やちょっとしたしぐさで、上手に相手にメッセージを伝えたり、相手の真意を見抜いたりする技術のことだ。商談するときの視線の位置はどこがよいか、話が煮つまってきたときにからだをどう乗り出すか、一本の指をどう動かすことで相手をその気にさせられるか――いろいろと利用される技術であるが、人に好印象を与えるためには、こんな具合にひと味ちがう心くばりを実践するとよい。

ちなみに、筆者が人との出会いが楽しみになったコミュニケーションのかくし味を、どう体得したかについて述べてみよう。

初対面という緊張感から開放され、自分が疲れないようにふるまうにはどうすればよいのか心を砕いているうちに、二つのしぐさがよいことがわかった。

一つは、「自然流」の項で述べたように、相手の心に負担をかけないためサンづけで相手の姓をいう「呼びかけしぐさ」である。もうひとつは「目しぐさ」がたいへん効果的である。事実、「こんなことまでお話するつもりではなかったのですが……」と、対話の相手からいわれることがこのところふえてきている。話の引き出し方が巧みだからなのではなくて、どうやら目の表情に、なにか話をしたくなる気分にさせてしまうものがあるらしいのだ。

生来難聴である筆者は、話をよく聞きとろうとして熱心に相手をみつめてしまうクセがある。それは、接する相手にこちらの印象を真面目な人物と受け止めてもらえるのだから、よいクセなんだとずうっと思いこんできた。ところが、時と場合によっては視線がまぶしく感じられて、話し手の心のなかに、ヘタなことはしゃべれないといった構えを生じさせてしまうことがある。

そうなると、お互いの間に目には見えないカーテンが下りているようで、いまひとつ会話が盛り上がらない。このような体験をくり返しているうちに、いつしか対話をするときには目に力を入れて聞くこともないのだと思えるようになった。

講演会などで講師の話を一言も聞きもらすまいと、真剣な表情をして耳を傾けるのはそれなりによいことでもあるのだが、日常の対話にまでそのポーズを持ちこんだりすると、目ばかりか肩にまで力が入ることになって疲れてしまう。こうして何人もの人に出会うと、疲労感が蓄積してストレスが生じ、人づきあいが苦手なんだとみずから思いこむようになりかねない。性格が生真面目な人ほど、そんな自意識過剰に陥りやすい傾向があるようだ。

●ヒューマンハーバーを主宰する筆者が明かす対話心得

筆者は、見知らぬ人とのよい出会いのきっかけをつかむために、オフィスをサロン風にして、ヒューマンハーバー（人間の港）を二〇年前に開港させている。それは、人間情報を中心とする知的交流の場であって、だれもが利用できる手づくりの出会いの港でもある。人を船に見立てているので、さしずめ筆者は、出船入船に心くばりする港の管理人というところだ。水（ビジネス情報）や食料（人間情報）を求めて寄港する船に、まずはそれを補給していく。あるいは、助言、安息など新しいエネルギーを付加して送り出す役割を果たしている。

その際重要なことは、生きた会話のキャッチボールが楽しめて、ホンネの会話がしやすいしぐさの工夫があることである。その工夫だが、いざ対話がはじまり〝嬉しい話を聞かせていただきますよ〟という感じで目のなかで微笑むように心掛けていくと、おのずと口元がほころびるようになって自然な笑顔ができる。そんな気持ちのゆとりがあることで、話す音声が耳ざわりよくソフトなリズムを奏ではじめて快く対話が弾み、あと味のよい思いをするのである。

安心感を与えてくれる医師の目がそうであるように、やさしいまなざしが、好ましい印象を相手に与えるのに大変効果的であるのはたしかである。さらに、この目しぐさが、勘ばたらきを発揮するという別の効果もあることに気づいてほしい。目しぐさによって、話を切りあげるタイミングの判断をつけやすいということである。

人と会うときに心すべきことだが、相手の態度をそれとなく観察しながら、話をさっと切り上げるべきかどうかの判断は、勘ばたらきに頼るしかない。相手の目の動き、顔の表情にみられる緊張感、身体の落ち着き具合などを敏感にキャッチして、即座に身の処し方を判断する。いざ実行となるとなかなかむずかしいことだが、意識して経験を積むうちに勘に近いものが育てあげられてくるだろう。

相手の表情を読みとるには、横に並んで座ったとしても、顔を相手のほうに向けて話をすることだ。下を向いてボソボソとものをいっていては、表情を読みとるなんてとてもムリな話である。相手の顔を見て話せといっても、一番困るのは目のやりどころであるが、筆者の場合はいつも、相手の鼻のアタマを中心とするあたりに、なんとはなしに目を向けてみる。

じいっとみつめてしまうと、相手は自分の鼻になにかついているのではないかと気にしだすので視線の方向がそこにあるといった感じを持たせる。そこで時折、話に相槌を打つときに相手の目と目を合わせて、「よく聞いていますよ」という気持ちをこめながら、アイ・サインを送ることにしている。サインを送った瞬間に感じる相手の対応のしかたで、対話をしめくくる方向にもってゆくのがよいか、あるいはさらに発展させるようにし向けるべきかを判断する。

対話がリズムに乗っているときは、目の輝きが増して顔に生気を感じるが、その反対に、義理でお相手しているといわんばかりのときは、目に精彩がなくあらぬ方向をみているようである。そうと気づいたら、早々に退散するきっかけをみつけるほうが得策だ。聞いてもいない話を長居してだらだらやると、ヤボ天に思われてしまうだろう。こんなちょっとした勘ばたらきも、つきあいを持続させるための大切なしぐさなのである。

著者略歴

青木　匡光（あおき　まさみつ）

昭和8年東京生まれ。九段高校、小樽商大卒。

三菱商事に10年間勤務の後、広告会社に転職する。中小企業経営を経た後、昭和50年アソシエイツ・エイランを設立。メディエーター（人間接着業）を始める。サロン風のオフィスをヒューマンハーバー（人間の港）として開放、その水先案内人として、人間関係で悩む人たちに指針を与え、仕事と人生に意欲的な人間同士を結びつけている。人脈づくりのパイオニアとしても知られ、現在、ビジネス評論家として、執筆・講演などに活躍している。

著書には、『顔を広め味方をつくる法』『よい人間関係』（日本実業出版社）、『肩書がつく前に読む本』『焦りを感じ始めた時読む本』『人づきあいが苦にならない法』（ＰＨＰ研究所）、『企画力で成功する』『上司と部下の職場交際術』『企画を引き出す異業種交流術』『「人間信用状」のつけ方・活かし方』（産能大出版部）など多数。

いつの時代もＥＱ型人間が成功する
自分のビジネス人生を幸せに生き抜く力が身に付く本

2023年8月31日発行　　著　者　**青木匡光**
発行者　**向田翔一**

発行所　株式会社22世紀アート
〒103-0007
東京都中央区日本橋浜町 3-23-1-5F
電話　03-5941-9774
Email: info@22art.net　ホームページ：www.22art.net

発売元　株式会社日興企画
〒104-0032
東京都中央区八丁堀 4-11-10 第 2SS ビル 6F
電話　03-6262-8127
Email: support@nikko-kikaku.com
ホームページ：https://nikko-kikaku.com/

印刷
製本　株式会社 PUBFUN

ISBN：978-4-88877-248-8